Mit Resilienz leichter durch den Alltag

Das Trainingsbuch

Monika Gruhl
Hugo Körbächer

Mit Resilienz leichter durch den Alltag

Das Trainingsbuch

Monika Gruhl
Hugo Körbächer

Bibliografische Information der Deutschen Nationalbibliothek:
Die Deutsche Nationalbibliothek verzeichnet diese Publikation
in der Deutschen Nationalbibliografie; detaillierte bibliografische Daten sind im Internet über dnb.dnb.de abrufbar.

© 2019 Monika Gruhl, Hugo Körbächer

Herstellung und Verlag: BoD – Books on Demand, Norderstedt

ISBN 9783749430765

0. Einleitung

Sie wundern sich manchmal, dass manche Menschen in ihrem Umfeld tagtäglich schwierige Situationen meistern, während andere schon vor einem geringfügigen Malheur kapitulieren? Sie fragen sich, wie es Ihrer Nachbarin gelingt, neben ihrem anstrengenden Halbtagsjob ihre drei kleinen Kinder zu erziehen und noch jede Menge Spaß mit ihnen zu haben? Sie haben manchmal das Gefühl, Ihre Kräfte im Alltag zu verschleißen und sehnen sich danach, mal wieder zu sich selbst zu kommen?

Steigende Belastungen, vielfältige Anforderungen und ständige Veränderungen lösen bei vielen Menschen das Gefühl aus, nur noch zu reagieren statt zu agieren, gelebt zu werden statt zu leben. Andere scheinen aus den gleichen Situationen und Rahmenbedingungen unbeschadet oder sogar noch gestärkt hervorzugehen. Das Schlüsselwort dafür heißt RESILIENZ.

Vor dem aktuellen gesellschaftlichen Hintergrund erhält das Phänomen Resilienz immer mehr Aufmerksamkeit und gewinnt beruflich wie privat an Bedeutung. Denn es zeigt, mit welchen Strategien Menschen erfolgreich mit Hindernissen und Widrigkeiten im Leben umgehen. Resilienz ist lernbar. Das ganze Leben lang können wir die entsprechenden Fähigkeiten und Haltungen lernen, erweitern und trainieren: In schwierigen Zeiten als direkte Stärkung und Orientierung, in Konsolidierungsphasen als Reservefähigkeit, die uns optimal auf künftige Herausforderungen vorbereitet und unsere persönliche Entwicklung aktiviert und vorantreibt.

Dieses Buch ist entstanden im Zusammenhang unserer Resilienz-Arbeit in Seminaren, Weiterbildungen und Coaching. Die Geschichten, Erfahrungen und Fragestellungen vieler Teilnehmer fließen mit ein. Die Episoden beschreiben jedoch keine real existierenden Personen, sondern sind aus vielen in der

Wirklichkeit vorhandenen Facetten zusammengesetzt. So sind sie gleichzeitig fiktiv und authentisch. Wir bedanken uns herzlich bei allen Teilnehmern und Coachingkunden, die ihre Erfahrungen, ihr Erleben und ihre Gedanken mit uns geteilt haben. Wir fühlen uns ihnen sehr verbunden. Liebe Leserinnen, bitte fühlen Sie sich auch angesprochen, wenn wir sprachlich nur die männliche Form verwenden. Der Grund ist lediglich die bessere Lesbarkeit und sprachliche Einheitlichkeit.

Die Gliederung dieses Trainingsbuches orientiert sich am Resilienzmodell von Monika Gruhl & Hugo Körbächer. Es geht aus von drei resilienten Grundhaltungen (Optimismus, Akzeptanz, Lösungsorientierung) und vier stärkenden Handlungsmaximen (Sich selbst regulieren, Selbstverantwortung übernehmen, Beziehungen gestalten und Zukunft gestalten). Zu jedem dieser sieben Resilienzaspekte finden Sie jeweils vier typische Beispielsituationen. Sie zeigen anschaulich, wie Menschen in unterschiedlichsten Alltags-situationen reagieren, welche Fragen und Themen sie bewegen und wie sie versuchen ihre jeweilige Lage zu meistern. Jeder dieser Episoden (E) folgt ein kurzer sachkundiger Kommentar (K), der grundlegende Erkenntnisse der Resilienzforschung und entsprechende Erfahrungen zu dem betreffenden Resilienzaspekt erläutert.

Reflexionsfragen (R) lenken Ihre Aufmerksamkeit darauf, ob und woher Sie ähnliche Zusammenhänge aus Ihrem eigenen Leben kennen. Entlang dieser Fragestellungen können Sie sich Ihre Gedanken und Gefühle in entsprechenden Situationen in Erinnerung rufen, sich Ihre bisherigen Strategien und Lösungsansätze bewusst machen und sich klar werden, wo Sie Ihre inneren und äußeren Reaktionen optimieren wollen.

Die anschließenden Übungsvorschläge (Ü) leiten dazu an, die vorgestellten Resilienzfaktoren gezielt zu trainieren und zu stärken. Diese Impulse sind als Inspiration und Anregung zur persönlichen Entwicklung und zum Ausbau des individuellen

Resilienzprofils gedacht. Sie dienen dazu, auf längere Sicht inneres Gleichgewicht und seelische Stabilität zu gewinnen.

Immer wenn Sie sich mit solchen Themen beschäftigen und immer, wenn Sie sich den Aufgaben und Herausforderungen Ihres Lebens stellen trainieren Sie unbewusst Ihre innere Stärke. Sie können Ihre Resilienz darüber hinaus auch ganz gezielt entwickeln, trainieren und stabilisieren. Dabei hilft Ihnen dieses Buch. Es ist so konzipiert, dass Sie es ganz vielseitig nutzen können.

Bitte betrachten Sie es als einen Fundus, aus dem Sie sich nach Ihren Interessen und Bedürfnissen bedienen. Vielleicht führen Sie sich einfach die Episoden zu Gemüte und stellen fest, was Ihnen von sich selbst oder von Personen aus Ihrem Umfeld bekannt vorkommt. Vielleicht steigen Sie über die Kommentare tiefer in einzelne Themen ein oder gleichen die dort formulierten Erläuterungen mit Ihren eigenen Erfahrungen ab. Oder Sie nutzen das Buch als Grundlage für regelmäßige Selbstreflexion oder als einen Leitfaden für Ihre persönliche Veränderungsinitiative.

Lassen Sie sich von den grundlegenden Gedanken inspirieren und probieren Sie die Anregungen aus, die Sie persönlich ansprechen. Alle Aussagen und Impulse gelten sowohl für den beruflichen als auch für den gesellschaftlichen oder privaten Bereich. Wählen Sie den, der für Sie gerade im Vordergrund steht, und passen Sie die Übungsvorschläge und Anregungen diesem Rahmen an. Sie selbst sind der beste Experte dafür, was Sie zu diesem Zeitpunkt brauchen können, und was Sie weiterbringt.

Ganz gleich, ob Sie sich eher auf bestimmte inhaltliche Resilienzaspekte oder auf eine methodische Seite konzentrieren, ob Sie das Buch systematisch durchgehen oder sich von dem inspirieren lassen, was Ihnen beim Durchblättern ins Auge fällt: Wir wünschen Ihnen eine spannende und ertragreiche

Entdeckungsreise mit Ihren individuellen Haltepunkten und in Ihrem eigenen Tempo.

Monika Gruhl & Hugo Körbächer

RESILIENZ

Der Begriff RESILIENZ umfasst alle Kräfte, die Menschen aktivieren, um das Leben in guten und in schlechten Zeiten zu meistern. Manchmal bezeichnet man resiliente Menschen als Stehauf-Menschen, die sich auf lange Sicht nicht unterkriegen lassen. Manchmal vergleicht man sie auch mit Schilfrohr, das vom Sturm zwar niedergefegt und verbogen wird, sich aber nach einiger Zeit wiederaufrichtet und in der Sonne steht, als wäre nichts geschehen, vielleicht sogar noch eindrucksvoller und schöner aussieht als vorher.

Genau so kommen resiliente Menschen, auch wenn sie Schicksalsschläge erleiden und durch tiefe Täler gehen, nach einer Zeit der Erholung und der Geborgenheit bei vertrauten Personen wieder ins Leben zurück. Sie machen sogar die Erfahrung, dass sie durch die durchlebten Krisen an persönlicher Kompetenz und Charakterstärke gewonnen haben. Sie trauen sich zu, zukünftig mit ähnlichen Problemen noch besser umgehen zu können. Denn hinfallen kann und wird wahrscheinlich jeder. Problematisch und brisant ist nur das Liegenbleiben. Den Schmerz wahrnehmen und aushalten und sich dann mit Zuversicht und neuem Mut wieder auf den Weg machen führt zu einem gestärkten Selbstbewusstsein und zu einer resilienten Grundhaltung.

Zu Beginn der Resilienzforschung hat die Psychologin Emmy Werner unter anderem untersucht, was Menschen auch unter sehr ungünstigen Bedingungen gesund erhält. Sie fand heraus, dass es ganz bestimmte schützende Faktoren gibt. Sie ermöglichen Menschen Widrigkeiten und schwere Krisen zu bewältigen und mit diesen Erfahrungen und den daraus gewonnenen Erkenntnissen eine individuelle Widerstandskraft zu entwickeln.

Leider ist der Begriff KRISE bei uns häufig negativ besetzt. Als Krise wird eine Situation wahrgenommen, in der mit den bisherigen Strategien die Probleme nicht mehr gelöst werden können. Das Wort ist griechischen Ursprungs und kommt schon bei Homer vor. Dort bedeutet es Scheidung oder Trennung im Sinne einer Ent-scheidung zwischen diesem oder jenem Weg, diesem oder jenem Urteil. In der Medizin spricht man von Fieberkrise, wenn bei einer Erkrankung mit hohem Fieber und Verwirrtheit ein rascher Fieberabfall erfolgt. Dieser geht entweder mit fortschreitender Besserung oder aber mit Kreislaufzusammenbruch einher.

Am Krisenhöhepunkt wendet sich also das Blatt. Die Zuspitzung leitet eine tiefgreifende Veränderung ein. Wie Sie selbst derartige Wendepunkte gestalten, hängt auch davon ab, ob Sie erkennen, welche Möglichkeiten in der aktuellen Grenzerfahrung liegen. Vielleicht mobilisieren Sie alle Kräfte, um ihrem Leben andere Werte und eine andere Richtung zu geben. Vielleicht ändern Sie auch Denk- und Verhaltensgewohnheiten, mit denen Sie bisher zufrieden waren, die Sie aber an einem bestimmten Punkt nicht mehr weiterbringen. Viele Menschen mit schweren Schicksalsschlägen berichten, dass sie erst in der Rückschau erkannt haben, dass ihre Sichtweisen sich erweiterten und sie andere Schwerpunkte gesetzt haben.

Das von Monika Gruhl und Hugo Körbächer entwickelte anschauliche Scheibenmodell von Resilienz als sieben ineinander verwobene Grundhaltungen und Verhaltensaspekte macht es Ihnen leicht, die Resilienzaspekte herauszufinden, die in Ihrer speziellen Situation ermutigend oder erleichternd wirken und Sie stärken.

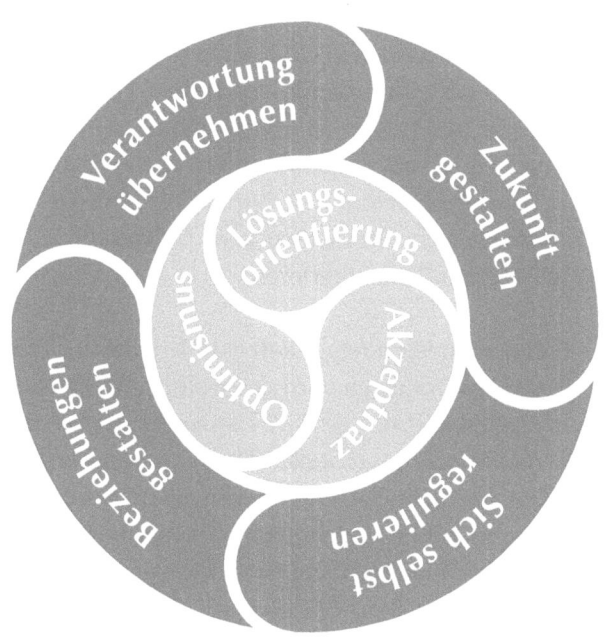

Abb. © Monika Gruhl / Hugo Körbächer 1

Für die seelische Widerstandskraft sind Optimismus, Akzeptanz und Lösungsorientierung besonders bedeutungsvoll. Diese drei Grundhaltungen sind die Voraussetzung für eine realistische und dennoch zuversichtliche Einschätzung einer schwierig erscheinenden Situation und mögliche Lösungsansätze. Selbstregulierung, Selbstverantwortung, Beziehungen und Zukunft gestalten sind Handlungsalternativen, die den Weg ebnen für eine adäquate Anpassung und verantwortungsvolle Lebensbewältigung. Ein funktionierendes soziales Stützsystem und sinnstiftende Aufgaben erfüllen menschliche Grundbedürfnisse und wirken stabilisierend.

Resilienz kann sich im Lauf des Lebens in unterschiedlicher Ausprägung zeigen. Welche Fähigkeiten, inneren Einstellungen und Handlungen Resilienz erzeugen oder vermehren und welche persönlichen, erlernten oder neu versuchten Strategien dafür genutzt werden, wandelt sich im individuellen Lebenszyklus und mit dem aktuellen Umfeld. In dem einen Fall kann das Verdrängen oder Tabuisieren von schrecklichen Erlebnissen sinnvoll sein und helfen, an den Belastungen nicht zu zerbrechen, sondern zu reifen. In einer anderen Lebenslage kann gerade das Aussprechen und (wiederholte) Erzählen dazu beitragen, das Bedrohliche für den weiteren Lebensweg zu verarbeiten und es sinnvoll zu integrieren.

Bei einschneidenden Ereignissen wie Krankheit, Tod und schwerwiegenden Verlusten wird die seelische Widerstandsfähigkeit auf eine harte Probe gestellt. Resilienz brauchen Sie aber auch am Arbeitsplatz, um erhöhten Druck, Arbeitsverdichtung sowie häufige und schnelle Veränderungen zu verkraften. Im privaten Bereich können Beziehungsprobleme, die Kindererziehung oder finanzielle Sorgen schnell zu Belastungen führen, die ein großes Maß an Resilienz erfordern.

Vor allem aber profitieren Sie ganz persönlich davon, wenn Sie Ihre Widerstandsfähigkeit trainieren und Ihre inneren Kräfte aktivieren. Wenn Menschen die Wechselfälle ihres Lebens auf diese Weise zu bewältigen versuchten, wurden folgende Gewinne berichtet und beobachtet:

- Zunahme an Mitgefühl und Empathie
- Mehr Wertschätzung für persönliche Beziehungen
- Größere Akzeptanz von Verletzlichkeit und negativen Erfahrungen
- Bessere Berücksichtigung der eigenen Werte
- Veränderte Prioritäten
- Zuwachs an Bewältigungskompetenz
- Stabileres Selbstwertgefühl
- Tiefere emotionale Reife
- Mehr Wertschätzung für das Leben
- Tieferer Zugang zum Lebenssinn
- Umfassendere und erfülltere Gottesbeziehung

Optimismus

Eine Krise ist ein produktiver Zustand. Man muss ihr nur den Beigeschmack der Katastrophe nehmen. (Max Frisch)

Für die Bewältigung schwieriger Lebenssituationen brauchen wir Zuversicht und Hoffnung. Der grundsätzliche Optimismus, dass auch schlimme Zeiten und unangenehme Situationen vorübergehen, aktiviert unsere Kräfte und lenkt unsere Aufmerksamkeit auf das Licht am Horizont. Diese innere Haltung von Optimismus bedeutet keineswegs, drängende Probleme zu bagatellisieren und sich alle Schwierigkeiten schön zu reden. Menschen mit dieser Grundhaltung zeichnen sich dadurch aus, dass sie gerade angesichts von Schwierigkeiten und trotz aller Widrigkeiten nicht die Zuversicht verlieren, dass sie damit fertig werden und dass sie ihren Teil dazu beitragen können, dass es besser wird.

Kann man diesen Optimismus lernen? Die gute Nachricht an alle: Ja, man kann! Denn Optimismus ist eine Frage von Denkgewohnheiten. Die Macht unsere Gedanken beeinflusst unser ganzes Leben. Gewohnheiten sind erlernte Muster. Wenn Ihnen Ihre Denkmuster nicht (mehr) gefallen oder guttun, können Sie neue lernen, die Sie in die gewünschte Richtung führen. Neue Denk-richtungen wirken zunächst oft befremdlich und verboten. Damit sie zu einer selbstverständlichen Gewohnheit werden können, müssen sie wiederholt und trainiert werden. Steter Tropfen höhlt den Stein – je öfter Sie sich optimistische Gedanken machen, desto leichter fallen sie Ihnen. So können Sie in jedem Alter und zu jeder Zeit üben neue Sichtweisen zu entwickeln und auch in schweren Zeiten nicht aus den Augen zu verlieren, was Sie hält, trägt und aufbauen kann.

Optimistisches Denken kann sich auf die eigene Person oder auf die Verhältnisse beziehen. Wer sich ständig mit anderen Personen vergleicht, die aus seiner Sicht mehr können oder wert sind, untergräbt ein positives Selbstbewusstsein. Sich auf die eigenen Talente zu besinnen, sie zu entfalten und zu schätzen stärkt dagegen das Selbstwertgefühl.

Ungünstige Ausgangsbedingungen in ihrer Kindheit und Jugend reichen vielen als Erklärung, dass sie selbst oder andere „es" nicht geschafft haben oder nicht schaffen können. Doch unzählige Beispiele resilienter Menschen zeigen, dass sie gerade durch die Überwindung solcher Schwierigkeiten ihr Leben auf ihre Art gemeistert haben.

Menschen mit einer optimistischen Grundhaltung geben nicht gleich auf, wenn die Dinge nicht wie geplant oder erwartet laufen. Sie wissen, dass Rückschläge „normal" sind, dass Misslingen kein Grund ist, den Kopf in den Sand zu stecken. So behalten sie auch bei starken Anforderungen oder Enttäuschungen den Kopf oben.

Andererseits nimmt ihr Selbstbild keinen Schaden, wenn sie sich Überforderung eingestehen und sich entlasten. Indem sie sich bisherige Erfolge bewusst machen und sich an den schon bewältigten Lebensaufgaben freuen, stärken sie ihr Selbstvertrauen. Wenn Hoffnungslosigkeit und Verzweiflung sie zu überrollen drohen, zögern sie nicht, sich frühzeitig Hilfe und Unterstützung von außen zu holen, damit sich Vertrauen und Zuversicht wiederaufbauen können.

Episode: Ich und die anderen

Atemlos und schweißgebadet kommt **Tanja** *zum Apfelfest in den Kindergarten. Natürlich will sie dabei sein, wenn Lisa, ihre Große, als Zwerg auf der Bühne steht. Den kleinen Leon hat sie im Kinderwagen dabei. Schon seit Tagen macht Tanja sich Gedanken, wie sie an diesem Tag Leons Mittagsschlaf organisieren kann, und was sie alles mitnehmen muss, um für alle Fälle gerüstet zu sein.*

Sie setzt sich auf einen freien Stuhl am Rand, den Kinderwagen neben sich. Noch ist Leon ruhig, aber was, wenn er quengelt? Tanja fürchtet, dass alle sie dann beobachten und sie vor Verlegenheit puterrot wird. Wie gern würde sie souverän und gelassen das Kind beruhigen und gleichzeitig interessiert dem Geschehen auf der Bühne folgen. Doch sie fühlt sich schon unter Druck, noch bevor es anfängt.

Obwohl Tanja sich auf beide Kinder gefreut hat, fühlt sie sich als Mutter häufig gestresst und unzulänglich ohne genau sagen zu können, woran es liegt. Sie hat das Gefühl, alle anderen schaffen mit Leichtigkeit, was sie selbst Tag für Tag an ihre Grenzen bringt.

Sie bewundert die Mütter, denen es leicht fällt zu improvisieren, in der Öffentlichkeit ganz unbefangen mit ihren Kindern umzugehen und locker auf andere Mütter und Kinder zuzugehen. Sie kennt das von ihrer älteren Schwester Beate. Tanja bewundert deren Charme und Unbeschwertheit, geht ihr aber aus dem Weg. Denn wenn sie zusammen auftreten, fällt ihr noch mehr auf, wie unbeholfen und unsicher sie selber ist.

Kommentar:

Tanjas Selbstwertgefühl ist beeinträchtigt. Ihr Mann Björn ist als Fernfahrer viel unterwegs, so dass sie bei der Erziehungsarbeit ganz auf sich gestellt ist. Auch von ihrer Familie erfährt sie weder Bestätigung noch Entlastung. Stattdessen wird sie zeit ihres Lebens mit ihrer blendenden Schwester verglichen und schneidet dabei schlecht ab.

Sie glaubt, den anderen Müttern nicht das Wasser reichen zu können und zieht sich defensiv zurück. Ihre Unzufriedenheit und Überforderung versucht sie alleine in den Griff zu bekommen, doch sie verstärken sich immer mehr.

Tanja neigt besonders im Vergleich dazu, andere auf- und sich selbst abzuwerten. Um das zu unterbrechen, könnte sie einmal versuchen unabhängig davon nur für sich selbst einen Realitätscheck zu machen:

- Sorge ich für meine Kinder so, dass sie alles Notwendige bekommen?
- Was und wie trage ich zu ihrem Gedeihen bei?
- Was macht mir als Mutter besondere Freude?
  Was ist mein besonderes Talent?

Zur zusätzlichen Versicherung könnte sie zu diesen Fragen auch Björn und eine weitere Vertrauensperson um eine ehrliche Einschätzung und Rückmeldung bitten.

Als stille, zurückhaltende Persönlichkeit fällt es Tanja schwer, sich in größeren Gruppen wohlzufühlen. Ihr Selbstbewusstsein würde es stärken, wenn sie mit einer oder zwei Gleichgesinnten Kontakt pflegt. Dann kann das Vertrauen wachsen, dass sie keine Übermutter sein muss, um für ihre Kinder gut und selbst mit ihrem Einsatz zufrieden zu sein.

Reflexionsfragen:

In welchen Lebensrollen fühlen Sie sich unzulänglich?

Welche Situationen nagen an Ihrem Selbstwertgefühl?

Welche Anforderungen machen Ihnen so viel Druck, dass Sie dabei Ihr Selbstvertrauen verlieren und in die Defensive geraten?

Wann vergleichen Sie sich mit anderen so, dass der Vergleich zu Ihren Ungunsten ausfällt?

Welche Ihrer Talente schätzen Sie gering, weil die Fähigkeiten anderer Ihnen besser oder bedeutender erscheinen?

Übungsvorschläge:

Ein optimistisches und zugleich realistisches Selbstbild entsteht im Zusammenspiel von eigener Einschätzung und der Zuschreibung von anderen.

Sie müssen nicht tatenlos auf ein positives Feedback warten. Fassen Sie sich ein Herz und fragen Sie andere bei entsprechender Gelegenheit, worin sie Ihre Stärken sehen.

Wenden Sie sich für den Anfang an vertraute und wohl gesonnene Personen. Nach und nach können Sie dann üben, auch „fremde" Personen (Kinderarzt, Kundin, ...) um ihre Einschätzung zu bitten.

Fragen Sie ganz konkret:
- Was hat dir an meinem Verhalten gefallen?
- Wie haben Sie mich in dieser Situation erlebt?
- Was könnte ich deiner / Ihrer Meinung nach verstärken oder ausbauen?

Die meisten Menschen sind eher bereit und in der Lage, sich zu einer konkreten Situation zu äußern als ein allgemeines Statement abzugeben.

Bedanken Sie sich für die Aussagen. Sie sind Informationen, keine Aufträge zur Verbesserung. Was Sie damit anfangen, entscheiden Sie allein.

Lassen Sie sich überraschen, wie Ihr Selbstwertgefühl gestärkt wird. Allein schon durch den Mut sich diese Mitteilungen abzuholen.

Episode: Happy End trotz alledem

Beatrix *streift sich ihr Lauftrikot über. Der Arbeitstag an der Kasse des Supermarkts war anstrengend. Aber bald hat dieser Job ein Ende. Sie beginnt eine Ausbildung zur Verwaltungsfachangestellten. Die meisten Kolleginnen haben große Augen gemacht, als sie das erfahren haben. Ausgerechnet Beatrix! In diesem Kreis ist sie eine Außenseiterin. Man weiß nur, dass sie ziemlich viel Sport macht, es macht sich aber keiner die Mühe Näheres herauszufinden. Lieber lästern die Kolleginnen über ihre ungeschminkte Aufmachung oder hänseln sie, weil sie keinen Freund hat. Wie sehr Beatrix sich in den drei Jahren, die sie schon dabei ist, persönlich entwickelt hat, ist keiner aufgefallen.*

Noch ist es hell genug, um eine ausgiebige Trainingsrunde zu laufen. Im Verein gilt Beatrix als Topfavoritin für den diesjährigen Stadt-Triathlon. Sport spielt eine ganz wichtige Rolle in ihrem Leben. Ohne ihn wäre sie heute wahrscheinlich immer noch das eingeschüchterte Mädchen, das ein leichtes Opfer für Hänseleien abgibt und sich trotz ihrer Zuverlässigkeit und Bereitwilligkeit in der Schule und bei der Arbeit nichts zutraut.

Inzwischen aber hat Beatrix einen Wettbewerb nach dem anderen gewonnen. Das verhilft ihr nicht nur zu einer körperlich präsenten Ausstrahlung. Ihr neues Selbstbewusstsein gibt ihr auch den Mut, sich an anderen Stellen im Verein zu engagieren, wofür sie wiederum viel Anerkennung erntet. So gewinnt sie genug Selbstsicherheit, einen Ausbildungsplatz zu finden und das Bewerbungsverfahren erfolgreich zu durchlaufen. Sie hat während ihrer Arbeit als Kassiererin genug gespart, um ihre erste eigene Wohnung einzurichten. Mit Stolz und Selbstvertrauen startet sie in einen neuen Lebensabschnitt.

Kommentar:

Beatrix Voraussetzungen, sich zu einer selbstbewussten und unabhängigen jungen Frau zu entwickeln, sind alles andere als gut:

- Die Mutter verlässt die Familie, als Beatrix 11 Jahre ist.
- Der Vater versucht sich um seine Tochter zu kümmern, versinkt aber tagelang in Selbstmitleid und trinkt.
- Beatrix ist nicht hübsch, keine gute Schülerin und gilt unter Gleichaltrigen als langweilig und uncool.

Ihre familiären Verhältnisse lassen Beatrix zwar äußerst schüchtern und verschlossen werden. Doch auf lange Sicht lässt sie sich davon nicht unterkriegen. Als ein Leichtathletiktrainer beim Schulsportfest ihr Talent erkennt und sie zum Training im Verein einlädt, ergreift sie die Chance. Nach und nach gewinnt sie immer mehr Freude am Sport, erfüllt aber auch bereitwillig Übungen, die ihr keinen Spaß machen um voranzukommen. Ihre sportliche Steigerung übertrifft schließlich die Erwartungen ihres Förderers.

Die Erfolgserlebnisse lassen Beatrix aufblühen. Die Erfahrung, wie viel sie erreichen kann, wenn sie ihre Talente nutzt und aus sich herauskommt, gibt ihr Vertrauen und Sicherheit. Beatrix findet trotz schwieriger Familienverhältnisse und nicht idealer persönlicher Voraussetzungen ihren Weg in ein selbstständiges Erwachsenenleben. Sie hat gelernt sich angesichts von Schwierigkeiten zu behaupten.

Mit diesen Erfahrungen ist sie bestens gerüstet, in der anstehenden Ausbildung und im weiteren Leben auch mit Widrigkeiten und Rückschlägen fertig zu werden und sich nicht entmutigen zu lassen.

Reflexionsfragen:

Was sind Ihre bisherigen Erfolge im Leben?

Was haben Sie schon alles erreicht?

Was ist Ihnen gelungen?

Womit sind Sie zurzeit sehr zufrieden?

Worauf in Ihrem Leben sind Sie stolz?

Was davon ist landläufigen Erwartungen und persönlichen Voraussetzungen <u>zum Trotz</u> eingetreten?

Was haben Sie <u>trotz</u> vorhandener Hindernisse geschafft?

Wo sind Sie angekommen, <u>obwohl</u> man es Ihnen nicht zugetraut hat oder landläufige Überzeugungen dagegensprachen?

Übungsvorschläge:

Der Optimismus resilienter Menschen ist keine Schönwetter-Laune, sondern beweist sich in der Zuversicht widrige Umstände überwinden zu können. Gerade ungünstige Voraussetzungen bieten ein ideales Trainingslager um Vertrauen in sich selbst, in wohlwollende Menschen oder in den Lauf der Dinge wachsen zu lassen.

Sammeln Sie Obwohl- und Trotzdem–Sätze mit einem guten Ende aus Ihrer eigenen Lebenserfahrung und der anderer, zum Beispiel:

- Obwohl meine Eltern wenig Geld hatten, haben sie mir Vertrauen in die Zukunft vermittelt.
- Mein Lehrer hat mir prophezeit, dass aus mir nie etwas werden würde. Trotzdem arbeite ich heute erfolgreich als Musikerin.
- Mein Mann wurde von seiner Mutter ins Heim abgeschoben. Trotzdem ist er ein liebevoller Vater geworden.

Schreiben Sie diese Sätze auf und ergänzen Sie die Liste von Zeit zu Zeit.

Rufen Sie sich diese Erfahrungen in Erinnerung, wenn Sie Gefahr laufen sich durch Hindernisse, Rückschläge, ungünstige Bedingungen oder düstere Prognosen entmutigen zu lassen.

Episode: Guten Mutes Schritt für Schritt

Frauke richtet gerade das Frühstück für ihre beiden Kinder Sebastian und Mareike. Der neunjährige Sebastian ist seit sechs Monaten als Pflegekind in der Familie. Fraukes Mann Harald kommt dazu und ist etwas gehetzt. Er hat heute auf dem Weg zur Arbeit noch einige Erledigungen vor. Sofort springt Sebastian vom Tisch auf und hängt sich an Haralds Arm. „Nimm mich mit. Ich will mit dir fahren! Mit Frauke muss ich laufen!" ruft er und wird immer aggressiver.

Frauke und Harald haben lange überlegt, ob sie der 15-jährigen Mareike und sich selbst ein verhaltensauffälliges Pflegekind zumuten wollen. Doch besonders Frauke war dazu entschlossen, weil durch eine Erkrankung Haralds der eigene Nachwuchs ausblieb. Schließlich stimmte er zu.

Als Sebastian wieder einmal weinend und tobend seine Wünsche einfordert, verdrehen Mareike und Harald beide die Augen. Frauke aber bleibt ganz ruhig und gelassen. Sie bittet Harald mit Mareike schon mal loszufahren. „Ob das mal gut geht? Du wirst doch nicht mit ihm fertig. Ich habe es Dir gleich gesagt, dass das für uns alle zu viel wird!" raunt Harald Frauke beim Hinausgehen leise zu.

Sebastian sitzt weinend auf dem Sofa, er will nichts mehr essen. Ganz behutsam nimmt Frauke ihn in den Arm und tröstet ihn. „Ich bin ja da. Ich freue mich, dass du bei uns bist. Weißt du was? Heute fahren wir zum ersten Mal mit dem Fahrrad zu Schule. Und danach machen wir uns einen schönen Tag zusammen." Gelassen bringt Frauke Sebastian zur Schule. Sie nimmt sich vor, abends nach ihrer Yogastunde in Ruhe mit Harald zu reden. Sie ist zuversichtlich, dass sie es am Ende gemeinsam schaffen.

Kommentar:

Die bisherigen Absprachen mit Ehemann und Tochter scheinen ins Wanken zu geraten. Frauke ist irritiert durch deren Reaktionen. Sie betrachtet sie als Rückschlag. Gleichzeitig macht sie sich Sorgen um Harald und Mareike. Eine Familienkrise bahnt sich an:

- Harald bezweifelt den wirksamen Einfluss der Familie auf die Erziehung von Sebastian.
- Mareike verbündet sich mit dem Vater und zeigt keine Unterstützung.
- Frauke behält den Überblick und die gemeinsamen Ziele und Absprachen der Familienmitglieder im Sinn.

Frauke nimmt die schwierige Situation als eine zu bewältigende Tatsache an. Mit einem guten Blick für die Realitäten kümmert sie sich zunächst um den verstörten Jungen. Sie bleibt überzeugt von ihrem Vorhaben, einem Kind eine sichere und liebevolle Erziehung zu ermöglichen mit allen Fragen und Unsicherheiten, die das für alle mit sich bringen kann.

Frauke besinnt sich auf ihre Stärken. Gleichzeitig ist ihr klar, dass sie auch gut für sich selbst sorgen muss, damit sie diesen Anforderungen gerecht werden kann.

Auf jeden Fall will sie Harald und Mareike einbeziehen, damit alle gemeinsam ihr Ziel erreichen und sich gegenseitig unterstützen können. Deshalb will sie am Abend Harald mitteilen, wie sie die Situation erlebt hat und mit ihm gemeinsam die Verantwortung für den Umgang mit solchen Situationen klären. Dann können sie auch Mareike hinzuziehen um weitere Lösungsmöglichkeiten zu planen.

Reflexionsfragen:

An welche Rückschläge in Ihrem Leben erinnert Sie das Beispiel?

Was fühlen, denken oder tun Sie, wenn eine beschlossene Sache nicht glatt läuft oder wenn Sie den Eindruck haben, dass andere Beteiligte nicht (mehr) mitspielen?

Wie steuern Sie Ihre Gedanken und Gefühle, wenn ein Vorhaben zu misslingen droht und Ihre Stimmung gegen Null tendiert?

Was hilft Ihnen sich zu motivieren, wenn es mühsam oder schwierig wird?

Was tun Sie dafür, dass Sie (wieder) in eine Verfassung kommen, in der Sie Zuversicht haben und an das Gelingen glauben?

Übungsvorschläge:

Rückschläge, Scheitern und Krisen passieren bei vielen Vorhaben. Sie gehören zum Leben wie Siege und Erfolge. Entscheidend ist, dass Sie Ihre „Bewältigungs- und Lernmuskel" für diesen Lebensbestandteil gut trainieren.

Zuversicht und Optimismus können Sie trainieren, indem Sie ihre alten Denkgewohnheiten in kleinen Schritten verändern. Sie können das immer wieder an typischen Beispielen Ihres Alltags üben. Vorbeugend haben Sie dafür mehr Zeit und Kraft, als wenn Sie schon in der Krise stecken:

Ist Ihnen etwas misslungen, fragen Sie sich:
- Was ist das Gute am Schlechten?
- Was kann ich daraus lernen?
- Wie kann es jetzt und von hier auspositiv weitergehen?

Wenn Sie in Mutlosigkeit oder Hilflosigkeit zu versinken drohen, verordnen Sie sich einen Gedankenstopp! Bewegen Sie sich und befassen Sie sich für einige Zeit mit etwas anderem.

Geben Sie nicht gleich auf! Viele gelungene Vorhaben brauchen mehrere Anläufe und Umwege, bis sie zum Erfolg werden. Denken Sie lieber locker über alle möglichen Lösungen nach.

Vergessen und unterschätzen Sie nicht, was Sie schon alles geschafft haben – und feiern Sie diese Erfolge.

Episode: Augen zu und durch?

Renate *ist seit einigen Wochen nicht so recht auf dem Damm und ständig müde. Es gelingt ihr nur noch mit großer Anstrengung ihre täglichen Aufgaben zu erledigen und sich ihrer Familie zu widmen. „Mama, schau mal!" zeigt ihre Tochter stolz ihre Bastelarbeit aus der Schule vor. Doch Renate kann für Amelies Erfolge nur noch halbherziges Interesse aufbringen. Oft versinkt sie stundenlang in sinnlosen Grübeleien. Ihr Ehemann Achim ist mittlerweile ratlos, weil er Renate so niedergeschlagen nicht kennt.*

Vor acht Wochen hat Renate ihre Freundin Ulrike verloren. Sie ist an Lungenkrebs gestorben. Einerseits kann sie Schmerz und Trauer über den Verlust ihrer besten Freundin nicht überwinden. Andererseits quält sie der Gedanke, dass Ulrike ihre Krankheit selbst verschuldet hat. Renate befürchtet, dass ihr als Raucherin das gleiche widerfahren könnte.

Ihre Mutter Thea, die mit im Haus lebt, nimmt Renate täglich sehr in Anspruch. Seit einem Jahr zeigt sie starke Anzeichen der Alzheimer Erkrankung. Der zunehmende geistige Verfall der Mutter und die gestörte Kommunikation mit dem geliebten Menschen, der sich so fremdartig verhält, drücken ebenfalls auf Renates Stimmung und lassen sie manchmal verzweifeln.

Zu ihrer Entlastung rät Achim, die Mutter in eine gute Betreuungseinrichtung zu geben. Doch Renate fühlt sich ihr gegenüber in der Pflicht. Sie hat früh gelernt durchzuhalten ohne Hilfe in Anspruch zu nehmen. Trotz ständiger Erkältungen und ihres schlechten Gesundheitszustandes nimmt sie lieber ihre eigene Überlastung in Kauf als der Mutter den Umzug und das Leben in einem Heim zuzumuten.

Kommentar:

Renate macht vor allem die mehrfache Belastung durch ihre demenzkranke Mutter, die Trauer um ihre Freundin und die Angst um ihre eigene Gesundheit zu schaffen.

Bei bis zu achtzig Prozent der pflegenden Angehörigen von Alzheimer-Kranken wurde chronischer Stress als Ursache für depressive Störungen festgestellt. Die meisten beklagten sich nicht über ihre Belastung und teilten ihre Schwierigkeiten nicht mit. In einer Studie zeigt die Psychiaterin Janice Kiecolt-Glaser, dass die Pflege von Alzheimer-Kranken die Angehörigen schwermütig macht, die Immunabwehr schwächt und die Wundheilung stört.

Schmerzhafte Verluste und Trauer, Angst und Stress erhöhen das Risiko für bestimmte Erkrankungen wie Infekte, Schlaganfall und Herzinfarkt.

Anhaltender Pessimismus kann ein Anzeichen für eine depressive Grundstimmung sein. Er verstärkt die Anfälligkeit für eine Vielzahl von Erkrankungen. Nachweislich bringen länger andauernde negative Gedanken auch entsprechende Gefühle hervor. Zusammen entfalten sie eine ungünstige Wirkung auf den gesamten Organismus und das körperliche Wohlbefinden.

Renate braucht neben Verständnis und Zuwendung von Mann und Tochter auch fachlichen Rat und praktische Hilfe von außen. Wenn sie sich darauf einlässt, ist Achim als wichtiger Unterstützer gefragt. Er kann Renate darin bestärken, dass sie sich auch um sich selbst kümmern darf und muss, wenn sie für andere da sein will. Über Amelie kann sie die Freude an ihrer Familie und damit die Zuversicht den Alltag zu meistern zurückgewinnen.

Reflexionsfragen:

In welchen Situationen und Lebensphasen waren oder sind Sie besonderen Belastungen ausgesetzt? Wie reagieren Sie dann typischerweise?

Sind Sie bereit und in der Lage, sich bei außergewöhnlichen Belastungen Hilfe zur seelischen Verarbeitung und praktischen Bewältigung zu holen?

Wissen Sie, wer Sie unterstützen kann und will? Sprechen Sie denjenigen von sich aus darauf an?

Kennen Sie Ihre persönlichen Quellen für Lebensfreude und Dankbarkeit?
Wie schaffen Sie sich in schweren Zeiten Zugang dazu?

Übungsvorschläge:

Die meisten Menschen kennen innere Antreiber, wie
- Das schaffst du schon alleine!
- Streng dich an, dann wird das schon!
- Du musst durchhalten!

Durch diese früh gelernten Denkmuster sind ungute Gefühle und Stress vorprogrammiert. Doch Sie können Ihre Denkgewohnheiten ändern. Wie klingen für Sie die Alternativen?
- Du musst nicht alles alleine schaffen.
- Gönne dir Erholung, wenn du dich angestrengt hast.
- Wer einmal A gesagt hat, muss keineswegs B sagen.

Es dauert eine Weile und braucht häufige Wiederholungen, bis solche Gedanken zur Gewohnheit geworden sind. Auch die wohltuenden Nervenbahnen mit Glücksboten und Entspannungshormonen brauchen Training, bis sie eingespielt sind.

Finden Sie Ihre eigenen entlastenden und optimistischen (Über-)Lebenssätze und prägen Sie sich immer wieder ein:

- Auch wenn ich gerade eine schwere Zeit durchmache - es geht vorbei!

- ...

- ...

- ....

Akzeptanz

Was du bekommst, nimm ohne Stolz an,
was du verlierst, gib ohne Trauer auf. (Marc Aurel)

Akzeptanz üben bedeutet keineswegs, alles zu schlucken oder resigniert hinzunehmen. Akzeptanz üben bedeutet all das zu integrieren, was mir das Leben bringt. Die Voraussetzung dafür ist zu erkennen, was ich nicht beeinflussen und ändern kann und das in Frieden anzunehmen.

Diese Qualität von Akzeptanz gewinnen wir in aller Regel nach einem Prozess mit unterschiedlichen emotionalen Phasen vom zornigen Aufbegehren bis zur tiefen Verzweiflung. Unerwartete Ereignisse, unverhoffte Wendungen und nicht erfüllte Lebensentwürfe lassen die Gefühle hochwallen und durcheinandergeraten. Vor vollendete Tatsachen gestellt gilt es Schmerz, Angst oder Trauer zuzulassen. Die Tränen fließen zu lassen kann (er)lösend sein, Schmerzen und Ängste zeigen uns unsere Verletzlichkeit und unsere Grenzen.

Wer bereit ist, durch diese schweren Phasen hindurchzugehen und seine Gefühle nicht zu unterdrücken, mehrt seinen persönlichen Erfahrungsschatz und erntet inneren Frieden. Was hinter Ihnen liegt, hat einen Sinn, der sich oft erst in der Rückschau erschließen lässt. Alles, was in Ihrem Leben passiert ist, ist ein Teil von dem, was und wer Sie heute sind.

Diese Erkenntnis bahnt den Weg zu Versöhnlichkeit: gegenüber dem, was uns widerfährt, gegenüber anderen Menschen und nicht zuletzt uns selbst gegenüber mit unserer Biographie und all unseren erwünschten und unerwünschten persönlichen Facetten.

Was macht Akzeptanz so schwer? Gerade Menschen, die glauben zu wissen, was sie wollen und sehr zielgerichtet durchs Leben gehen, tun sich schwer, wenn sich ihnen Hindernisse entgegenstellen. Manchmal fixieren sie sich regelrecht auf einzelne Vorkommnisse in ihrer Biographie, die nicht wunschgemäß verlaufen. Von einem einzigen Mangel oder Verlust machen sie ihre gesamte Lebenszufriedenheit abhängig und schätzen dabei gering, was sie ansonsten alles haben.

Wenn sich Lebensumstände oder Rahmenbedingungen verändern, sind die Beteiligten oft mit der Erfahrung von Verlusten konfrontiert. Altes und (manchmal scheinbar) Bewährtes gilt nicht mehr, das Neue ist noch nicht zu eigen gemacht. In dieser Verunsicherung klammern sich manche über Gebühr an das, was definitiv vorbei ist. So versperren sie sich eine wirkliche Auseinandersetzung mit dem Verlorenen und eine eigenständige Annäherung an das noch Unbekannte.

Wenn eine lang gehegte Illusion plötzlich platzt, fallen die meisten erst einmal in ein tiefes Loch. Wer nach der ersten Enttäuschung dann den Realitätscheck schafft und auch die eigene Beteiligung nüchtern betrachten kann, ist auf einem guten Weg, aus einer Ablehnung oder Niederlage für sich das Beste zu machen.

Dass andere Menschen eben auch anders sind, anders denken, fühlen und reagieren stellt häufig eine Herausforderung an die eigene Akzeptanzbereitschaft dar. Doch sie ermöglicht einen offenen und konstruktiven Umgang miteinander statt Konfrontationen und verdeckten Vermutungen über einander.

Episode: Irgendwas fehlt immer

Sarah hat mit ihrem Mann Timo ihr Traumhaus gefunden. Nach über einem Jahr voller Renovierungsarbeiten ist alles so geworden wie sie es sich gewünscht haben. Freunde und Verwandte sind beeindruckt von dem geschmackvollen Ausbau und der ruhigen Lage.

„So ein schönes Nest, jetzt wird es aber höchste Zeit für den Nachwuchs, " freut sich ihre Tante Ute, nicht wissend, dass sie damit in eine offene Wunde stößt. Denn die beiden warten bisher vergeblich auf eine Schwangerschaft. Sie haben nichts unversucht gelassen, es scheint einfach nicht zu funktionieren. In ihrer ganzen Freundesclique gibt es außer ihnen mittlerweile kein Paar mehr, das nicht wenigstens ein Baby hat.

Ihre Arbeit im Reisebüro hat Sarah immer sehr gerne und engagiert getan. Von Vorgesetzten wie auch von Kunden erntet sie viel Anerkennung für ihre sachkundige und kundenorientierte Beratung. Mit Timo teilt sie die Reiselust, und ihre gemeinsamen Planungen und Erlebnisse verbinden sie sehr. Es ist ein gemeinsamer Traum gewesen, sich dazu noch ein schönes Zuhause zu schaffen, auf das sie sich unterwegs schon freuen können.

Doch mittlerweile ist Sarah so fixiert auf ihren Kinderwunsch, dass sie weder ihre Ehe noch ihren Beruf oder ihr Zuhause schätzt. Alles scheint ihr wertlos und sinnlos, so lange dieser dringende Wunsch nicht erfüllt ist. Von ihren Geschwistern und Freunden mit Kindern zieht sie sich zurück. Sie verliert sich in Selbstmitleid und hadert mit der Ungerechtigkeit des Lebens. Damit stößt sie auch Timo vor den Kopf, der nicht verstehen kann, dass ihre Liebe ohne Kind für Sarah bestenfalls zweitrangig zu sein scheint.

Kommentar:

Ihre Kinderlosigkeit verleidet Sarah die Freude am Leben, den Stolz auf ihre berufliche Leistung und den Genuss ihrer privaten Interessen. Ein eigenes Kind zu haben wird für sie zum einzig erfüllenden Lebensziel. Indem sie sich so absolut auf einen unerreichbar scheinenden Lebensentwurf fixiert, versperrt Sarah sich selbst alle anderen Alternativen für ein erfülltes Leben.

Für die wenigsten Menschen verläuft ihre Biografie immer glatt und wunschgemäß. Die meisten müssen lernen, mit Bedingungen zurechtzukommen, die ihren Wünschen oder Erwartungen zuwiderlaufen.

- Lebensträume lassen sich nicht verwirklichen.
- Pläne werden von unvorhersehbaren Ereignissen durchkreuzt.
- Im Elternhaus hat man bestimmte Dinge vermisst oder nicht lernen können.

Solche Gegebenheiten akzeptieren zu lernen, setzt voraus, dass man sich dieser Realität und den damit verbundenen Gefühlen wie Trauer oder Zorn stellt, sie aber nicht zum allgegenwärtigen Zentrum der Aufmerksamkeit werden lässt. Wer sich dagegen klar macht, dass dies, so schmerzlich es auch sein mag, nur <u>eine</u> Komponente seines Lebens ist, verliert bei aller Trauer darüber nicht die heilen Elemente aus dem Bewusstsein.

Es geht für Sarah keineswegs darum, sich einfach abzufinden und zur Tagesordnung überzugehen. Einen solch existentiellen Erwartungsbruch zu verarbeiten, braucht in der Regel Zeit und Geduld. Wenn sie aber die erfreulichen Aspekte ihres Lebens <u>auch</u> wieder würdigt, kann sie Freude und Dankbarkeit zurückgewinnen ohne ihre Enttäuschung leugnen zu müssen.

Reflexionsfragen:

Welche (Lebens-)ziele glauben Sie um jeden Preis erreichen zu müssen? Auf welche Wünsche oder Vorhaben sind Sie so fixiert, dass Sie Gefahr laufen, gering zu schätzen oder ganz außer acht zu lassen, was Sie außer diesen noch haben?

Schwelgen Sie manchmal im Bedauern dessen, was in Ihrem Leben alles <u>nicht</u> geklappt hat oder <u>nicht</u> wunschgemäß gelaufen ist?

Verlieren Sie den Spaß an anderen Dingen oder versagen Sie sich die Freude über andere Ereignisse, so lange ein bestimmtes Problem nicht gelöst oder ein unangenehmes Erlebnis nicht vollständig verarbeitet ist?

Übungsvorschläge:

Auf lange Sicht erleben wir nicht Freud <u>oder</u> Leid, in der Regel ist beides gleichzeitig da. Wenn wir uns von Ereignissen belastet fühlen, nehmen wir meistens erst in der Rückschau wahr, was auch gut daran wahr oder zu welchen positiven Auswirkungen das Ganze letztendlich auch geführt hat.

Rufen Sie sich Beispiele in Erinnerung, wie sich Dinge positiv entwickelt haben, die Sie zunächst nur als Bürde oder Unglück betrachtet haben.

Machen Sie sich klar, dass jeder Mensch etwas mit sich trägt, das nicht optimal oder wunschgemäß ist. Gerade, indem Sie mit Dingen zurechtkommen lernen, die Ihnen zuwiderlaufen, setzen Sie einen persönlichen Reifungsprozess in Gang.

Gewöhnen Sie sich an, jeden Tag oder in jeder Situation wenigstens eine Kleinigkeit zu entdecken, für die Sie dankbar sein können. Sie werden merken, dass auch in schwierigen Zeiten ein beachtliches Maß an Anlässen für Freude und Dankbarkeit zusammenkommt.

Episode: Die Dinge zu nehmen wissen

Maja ist in Fahrt und ergeht sich in Schimpftiraden. Zum wiederholten Male lässt sie sich in einer Feierabendrunde mit Freunden darüber aus, dass ihre neue Leitung keine Ahnung von der Materie hat und sich völlig danebenbenimmt.

Das direkte und schnörkellose Auftreten ihrer neuen Chefin findet Maja nämlich indiskutabel. In ihrer Firma, einem Dienstleistungsunternehmen für Personalwirtschaft, ist sie es gewohnt, aufgrund ihrer langjährigen Erfahrung viele Entscheidungen selbstständig treffen zu können. Mit ihrem früheren Vorgesetzten hat sie unklare Fälle einvernehmlich entschieden, wobei er sich in der Regel auf ihre Sachkompetenz verlassen hat.

Doch seit die Firma fusioniert hat, weht ein anderer Wind. Maja erhält klare Vorgaben, nach denen sie zu arbeiten hat. Vorgänge, die sie früher selbstverständlich entschieden hat, muss sie nun vorlegen und absegnen lassen. Ihre Einwände werden zwar meistens gehört, doch fallen die Entscheidungen häufig anders aus. Es fällt Maja sehr schwer sich nach Jahren großer Selbstständigkeit darauf einzustellen. Manche Entscheidungen hält sie für sachlich fragwürdig oder gar falsch.

Der Weg zum nächsten Vorgesetzten ist ihr versperrt. In der alten Firmenstruktur war es üblich, dass jeder mit jedem reden konnte, wenn es etwas zu klären gab. Die neue Führung legt Wert darauf, dass sich alle an eine strukturierte Hierarchie halten. Maja fühlt sich ausgebremst und nicht wertgeschätzt. Ihre Versuche die alte Entscheidungsfreiheit wieder zu bekommen, laufen ins Leere. Ihr Widerstand gegen die Arbeitsweise als auch die Art ihrer Chefin richtet sich am Ende sogar gegen ihre eigene Arbeit.

Kommentar:

Die Situation, mit der Maja durch die Umstrukturierung konfrontiert wird, ist in mehrfacher Hinsicht neu für sie:

- Der Betrieb, in dem sie sich gut auskennt, verändert sich.
- Gewohnte Umgangsregeln gelten nicht mehr.
- Entscheidungsspielräume werden beschnitten.
- Sie bekommt eine Vorgesetzte, die ihr persönlich "nicht liegt".

Das bedeutet insgesamt einen großen Verlust an Sicherheit und Vertrautheit.

Außerdem hat Maja die Entscheidungskompetenzen, die ihr alter Chef ihr zugestanden hat, im Lauf der Zeit für selbstverständlich und für verbrieftes Recht genommen. Umso schwerer fällt es ihr, sich davon wieder zu lösen. Ihre neue Vorgesetzte hat das Recht und auch die Pflicht, eigene Entscheidungen zu treffen und zu verantworten, auch wenn sie ihrer Mitarbeiterin nicht passen. Dass sie die Veränderungen mit mehr Feinfühligkeit kommunizieren könnte, steht auf einem anderen Blatt.

Wenn es Maja gelingt, zu unterscheiden zwischen strukturellen Gegebenheiten und persönlichen Animositäten, wird ihr klar, welche Akzeptanz-Aspekte sie zu entwickeln hat:

1. Äußere Rahmenbedingungen, auf die sie keinen Einfluss hat, als gegeben zu betrachten und mit Haltung anzunehmen und
2. nicht das Verhalten und Auftreten anderer Menschen ändern zu wollen, sondern ihre eigenen Reaktionen darauf zu optimieren.

Damit könnte sie sich von ihrer Fixierung auf die Schwachstellen und Nachteile lösen und die Freude an ihrer Arbeit zurückgewinnen, auch unter veränderten Bedingungen. Und vielleicht könnte sie den neuen Zuständen dann sogar etwas Positives abgewinnen lernen.

Reflexionsfragen:

Welche Veränderungen in Ihrem beruflichen oder privaten Umfeld haben Sie als Verschlechterungen definiert? Was hat diese Einsortierung bei Ihnen ausgelöst? Was hat sie verhindert?

Bei aller Herausforderung, die Veränderung bedeuten kann: Was könnte für Sie leichter, angenehmer oder gewinnbringender sein oder werden als früher? Was könnten Sie dabei lernen?

Wo haben Sie es mit Menschen zu tun, die Ihnen nicht liegen, als Kunden, Nachbarn, Kollegen, ...?
Was genau reizt Sie an deren Verhalten?
Was bringt Sie auf die Palme?
In welchen Situationen könnten Sie etwas davon gebrauchen?

Wenn Sie sich vorstellen, ein bisschen mehr davon in Ihr eigenes Leben zu bringen, was verändert sich dann an Ihren Gefühlen gegenüber diesen Menschen?

Übungsvorschläge:

Seien Sie nachsichtig mit sich, wenn Sie gravierende Veränderungen Ihrer Lebensumstände nicht leicht akzeptieren können:

Wie können Sie jetzt an anderer Stelle für sich sorgen? Welche Sicherheiten sind Ihnen geblieben, welche Stabilitäten gibt es?

Gestehen Sie sich Ängste und Verunsicherung zu ohne jemandem dafür die Schuld zu geben. Bleiben Sie bei Ihrem Gefühl statt sich mit dem Verhalten der anderen zu beschäftigen.

Achten Sie darauf, welche Menschen Sie mit Ihrem Verhalten oder Ihren Einstellungen "reizen". Tun die Dinge, die Sie sich nicht erlauben? Was ist der Charme in dieser Alternative? Könnten Sie ihn für sich konstruktiv ummünzen?

Üben Sie, mit Menschen professionell umzugehen: ihnen mit Gleichmut und Freundlichkeit zu begegnen, egal ob sie Ihnen persönlich sympathisch sind oder nicht. Es kann ungemein entlasten, nicht immer nach persönlichem Gusto entscheiden zu müssen.

Episode: Ich habe mir etwas vorgemacht

Manuela kommt fröhlich und aufgeräumt zur Arbeit. Gleich als erstes hat sie einen Gesprächstermin mit dem Geschäftsführer, Herrn Mantus. Zu ihm hat sie einen guten Draht. Er hat auch schon einmal Andeutungen über eine mögliche Beförderungschance gemacht. Nun ist sie darauf eingestellt, die Früchte ihrer jahrelangen Führungsarbeit zu ernten und eine weitere Stufe auf der Karriereleiter zu erklimmen.

Herr Mantus erwartet sie schon. Ohne sie anzusehen sagt er kühl und geschäftsmäßig: „Frau Rubin, die Zeiten ändern sich. Wir haben in der Hauptgeschäftsstelle beschlossen, Ihnen eine kompetente stellvertretende Geschäftsführerin an die Seite zu stellen. Frau Abel wird am Montag beginnen. Sie ist dann auch ihre direkte Vorgesetzte. Ich erwarte von Ihnen, dass Sie gut mit ihr kooperieren und ihr keine Steine in den Weg legen."

Manuela ist wie vor den Kopf gestoßen. Herr Mantus stellt sie kurz angebunden vor vollendete Tatsachen. Ausgerechnet die Abel, die ihr in einigen Situationen schon unangenehm aufgefallen ist! „Da spiele ich nicht mit!" entgegnet sie aufgebracht und verlässt grußlos das Büro ihres Chefs. Manuela lässt Frau Abel in den nächsten Wochen auflaufen und redet kaum mit ihr. Herr Mantus ruft sie erneut in sein Büro und verkündet: „Leider müssen wir uns von Ihnen trennen. Sie verhalten sich destruktiv und ablehnend. Ihren Bereich wird Frau Abel übernehmen."

Entsetzt und enttäuscht zieht sich Manuela zurück. Nachdem sie sich bei ihrer Freundin Beate ausgeweint hat und ausgiebig bemitleidet hat, wendet sie sich an einen Coach, mit dem sie vor einigen Jahren schon einmal gearbeitet hat.

Kommentar:

Manuela widmet ihr bisheriges Berufsleben lang ihre ganze Kraft dieser Firma. Sie hat sehr viel Zeit und Arbeit investiert, um dort weiterzukommen. Jederzeit bringt sie ihre Leistung. Die mit ihrer Führungstätigkeit verbundenen Aufgaben und Verantwortlichkeiten nimmt sie sehr ernst. Daraus zieht sie ihre Selbstbestätigung.

Doch auf einmal versteht Manuela die Welt nicht mehr: Alle Zeichen stehen auf Aufstieg - und dann der plötzliche Sinneswandel ihres Chefs.

Was hat Manuela dazu beigetragen, dass es zu diesem unsanften Erwachen kommen konnte?

- Aus vagen Andeutungen ihres Chefs leitet sie ihre reelle Karriereplanung ab.
- Weil sie die Entscheidung der Geschäftsführung nicht akzeptieren kann, lehnt sie die neue Vorgesetzte ab und verweigert trotzig die Zusammenarbeit, ohne sich überhaupt auf einen Versuch einzulassen.
- Weder fragt sie nach, wie ihr Verhalten und ihre Leistung von anderen gesehen wird, noch klärt sie, wie es für sie in dieser Firma weitergehen kann.

In der ersten Enttäuschung tut es Manuela einfach gut, sich bei Beate gehen lassen zu können und Trost und Geborgenheit zu erfahren.

Doch als sie danach wieder klarer denken kann, ist sie begleitet von einem neutralen Fachmann in der Lage, diese Zusammenhänge für sich herauszukristallisieren. Sie erkennt ihren eigenen Beitrag an der Gesamtsituation und lernt ihn allmählich zu akzeptieren. Damit wird sie frei, sich neue Ziele zu setzen, die mehr in Einklang stehen mit ihren eigenen Werten. Was sie über sich gelernt hat, kommt dabei zugute.

Reflexionsfragen:

Wann haben Sie eine unmissverständliche Ablehnung erfahren oder eine herbe Enttäuschung hinnehmen müssen, mit der Sie nicht gerechnet hätten?

- Was hat sich danach zum Guten verändert?
- Was haben Sie aus einer unerwartet eingetretenen „Niederlage" gelernt?

Neigen Sie dazu sich Illusionen zu machen? Haben Sie sich schon einmal so in ein Ziel verbissen oder in eine bestimmte Sicht der Dinge verrannt, dass Sie die Wirklichkeit um sich herum ausgeblendet oder (unbewusst) geleugnet haben?

- Was hat sie zurückgeholt?
- Welche Erkenntnisse hat Ihnen diese Erfahrung beschert?

Übungsvorschläge:

Um einem unsanften Erwachen aus Illusionen vorzubeugen, überprüfen Sie die Realitäten:

- Was sind die Fakten?
- Was genau ist mein Einflussbereich und Gestaltungsspielraum?
- Wie sehen andere das?
- Was ist mein Beitrag?

Und wenn es doch passiert?
Verzeihen Sie sich und akzeptieren Sie Ihre Unzulänglichkeiten. Derartige Ent-täuschungen können Sie zum Anlass nehmen, immer wieder für sich zu klären, was Ihnen wirklich wichtig ist und auf welche Werte Sie Ihr Leben ausrichten wollen.

Einige Ratgeber versuchen den Eindruck zu erwecken, mit einem konkreten Plan und genügend Ehrgeiz könne man alles im Leben erreichen. Doch manchmal müssen wir auch akzeptieren lernen, dass das Leben uns etwas anderes beschert als wir geplant und erhofft hatten.

Finden Sie heraus, was Ihnen solche zunächst unangenehmen oder schmerzhaften Geschehnisse an Chancen und Wachstumsmöglichkeiten bieten.

Machen Sie sich bewusst, welche Ihrer Erkenntnisse, Talente und Fähigkeiten Sie gerade in solchen Situationen erworben oder entwickelt haben.

Episode: Plötzlich ist alles anders

Rita platzt der Kragen: *„Die Silbenstein hat doch einen Knall. Ich bin fix und fertig!"* vertraut sie ihrem Kollegen Ralf an. *„Ich komme zu gar nichts mehr. Dauernd beschäftigt sie mich mit irgendwelchen großen Aufgaben. Was ich bisher geleistet habe, wird überhaupt nicht anerkannt."* Die beiden fühlen sich komplett verunsichert und sind ständig aufgeregt, seitdem ihre neue Chefin Frau Silbenstein im Unternehmen tätig ist.

Zuerst war die Freude groß, dass als Nachfolgerin ihrer Chefin jemand kam, der andere Perspektiven eröffnete. Alle sahen die Chance endlich einmal aus dem alten Trott herauskommen und sich den Herausforderungen der zukünftigen Veränderungen zu stellen. Doch mittlerweile sehnen sie sich nach den alten Zeiten zurück. Besorgt fragt Ralf ihre Kollegin Susanne, wie sie mit Frau Silbenstein klarkommt. *„Gut, dass du fragst"*, sagt diese. *„Das geht ja gar nicht mit der Neuen. Bei jeder Gelegenheit fragt sie mich aus und zeigt mir, wie sehr sie auf mich angewiesen ist. Dann kann ich auch gleich die Dinge selber machen. Und dann erzählt sie dauernd ihre privaten Geschichten, die will ich gar nicht wissen. So was kennen wir nicht von unserer alten Chefin."*

Ralf schlägt eine gemeinsame Aussprache nach Feierabend vor. *„Die ist so distanzlos. Ich kann so nicht weitermachen. Ständig fühle mich ausgebremst und demotiviert."* klagt Rita mit weinerlicher Stimme. Ralf weiß nicht, was er sagen soll. Er fühlt sich sowohl von der neuen Chefin als auch von der Situation mit den beiden Kolleginnen überfordert. Es dauert noch drei Wochen, bis sie ihren Mut zusammennehmen und gemeinsam Frau Silbenstein um ein Gespräch bitten. Ein Wunsch, den diese gerne erfüllt.

Kommentar:

Die drei Kollegen haben fast zwanzig Jahre lang den Führungsstil ihrer alten Chefin erlebt. Zwar fanden sie es nicht immer einfach mit ihr, doch alle kannten die grundsätzliche Richtung. Sie ließ sie in ihrem alltäglichen Arbeitsbereich in Ruhe gewähren und forderte sie darüber hinaus nicht weiter. Ihre Fürsorge bis hin zur Verwöhnung haben alle gerne angenommen.

Eine Veränderung nach so langer Zeit bedeutet eine gravierende Umstellung:

- Stabilität und gewohnte Sicherheiten geraten ins Wanken.
- Eine wichtige Person fehlt im Gesamtsystem.
- Schmerzliche Verlustgefühle machen sich breit.
- Auf einmal gelten andere Spielregeln.

Die neue Führungskraft bringt neben frischem Wind auch einen anderen Umgangsstil mit. Die Mitarbeiter müssen viel Vertrautes aufgeben, von ihrer langjährigen Chefin Abschied nehmen und sich auf die Veränderungen einstellen. Da sind zwiespältige Gefühle normal: traurig und verunsichert, gleichzeitig aufgeregt und eigensinnig. Doch die Ursache und die Verantwortung für diese zwiespältigen Gefühle schreiben sie einseitig der neuen Leitung zu.

Die Herausforderung für die drei besteht darin, sowohl die Situation als auch die Person vorurteilsfrei so anzunehmen wie sie ist. Erst wenn es gelingt, die veränderte Wirklichkeit zu akzeptieren und in ihren Arbeitsalltag zu integrieren, werden sie frei für innovative Lösungen im Einvernehmen mit der neuen Leitung. Die Bitte um ein klärendes Gespräch ist ein mutiger erster Schritt zu einem gedeihlichen Miteinander.

Reflexionsfragen:

Wann in Ihrem Leben mussten Sie gewohnte Sicherheiten aufgeben? Wie haben Sie es geschafft, sich wieder zu stabilisieren?
Ging es über
- hilfreiche Beziehungen
- Anerkennung für Leistung
- Gestaltungsfreiheit
- oder etwas ganz anderes?

Welche zurzeit verlässlichen Gegebenheiten könnten Ihnen verloren gehen?
Was würde Ihnen ermöglichen, das zu akzeptieren?
Was würden Sie tun um neue Stabilität zu gewinnen?

Kennen Sie die Situation, dass Ihnen jemand zu nahekommt und privater wird als Ihnen angenehm ist?
Oder passiert Ihnen das eher bei anderen?

Woran spüren Sie körperlich zu viel Nähe oder zu viel Distanz?
Was tun Sie, um
- angemessene Nähe
- genügend Abstand
herzustellen?

Übungsvorschläge:

Wenn Sie sich mit einer Lebenssituation schwertun – Atmen ist immer hilfreich.

Atemübung:
Sitzen Sie aufrecht und bequem – Schließen Sie die Augen – Lenken Sie Ihre Aufmerksamkeit in den gegenwärtigen Moment und nehmen Sie wahr: Was geht in meinem Geist und Körper vor? Welche Gefühle spüre ich? – Richten Sie Ihre Aufmerksamkeit auf den Atem – Lassen Sie den ganzen Körper atmen – Bringen Sie das Gefühl von Offenheit und Weite mit in den nächsten Moment des Tages und genießen Sie ihn!

Lernen Sie in Zeiten von gravierenden Veränderungen und Umbrüchen heftige und zwiespältige Gefühle oder polarisierende und unsachliche Äußerungen für eine Weile auszuhalten ohne sie weg machen zu wollen. Sie sind häufig eine normale Durchgangsphase auf dem Weg zur Akzeptanz und Integration des Neuen.

Auch wenn nach einer bekannten Redensart neue Besen gut kehren: Schätzen Sie auch die Qualitäten und Fähigkeiten, die in den „alten" Besen stecken. Das bahnt den Weg zur Akzeptanz des Neuen.

Lösungorientierung

Menschen mit einer neuen Idee gelten so lange als Spinner, bis sich die Sache durchgesetzt hat. (Marc Twain)

Die lösungsorientierte Grundhaltung richtet den Blick auf das, was funktioniert statt auf das, was nicht klappt. Sie fußt auf der Erfahrung, dass Probleme effizient gelöst werden können, ohne dass man die Ursachen ergründen muss. Denn je länger und intensiver man in die tiefgründige Analyse und Erforschung einer misslichen Lage einsteigt, umso weniger findet man den kreativen Kick und zündende Ideen, aus dieser Lage herauszukommen. Man verstärkt nur noch das Gefühl, dass alles sehr problematisch und schwer ist.

Doch nur wer das Problem hat, kennt auch die Lösung. Genauer gesagt, entscheidet, welche Veränderung für ihn eine (Er-)Lösung ist. Das heißt nicht, dass lösungsorientierte Menschen immer sofort ein solches Ergebnis parat haben. Es geht vielmehr darum, den Spielraum zu erweitern und die Voraussetzungen zu schaffen, dass kreative und innovative Ansätze überhaupt gedacht werden können.

Denn häufig setzen wir uns selbst Grenzen und engen unser Denken ein. Wir machen uns vor, andere würden es uns unmöglich machen uns anders zu verhalten. Wir machen uns selbst Vorwürfe, dass wir es nicht besser hinkriegen oder so weit haben kommen lassen. Wir machen uns abhängig von den Erwartungen anderer und fallen zurück in die Verhaltensweisen von trotzigen Kindern oder hilflosen Wesen. Wir halten falsch verstandene Loyalität und hergebrachte Reaktionen aufrecht, obwohl es in der aktuellen Situation weder sinnvoll noch angemessen ist.

Solche Lösungsblockaden werden hoch wirksam, wenn wir Angst vor Neuem haben, wenn wir bestimmte Sichtweisen von vornherein ausschließen oder uns unkonventionelle Handlungsweisen nicht erlauben. Sie ersticken eine positive Veränderung schon im Keim. Sie drosseln Energie und Begeisterung, die sonst in die anstehende Lösungsfindung fließen könnten.

Starke Emotionen und großer Stress halten uns in einseitigem Denken fest. Von der Evolution her bedeutet Stress Lebensgefahr, und dann muss schnell und eindeutig gehandelt werden. Wer also seinen Lösungsspielraum erweitern will, muss erst seinen Stresspegel senken und seine Gefühle ins Gleichgewicht bringen. Andernfalls ist unser Gehirn gar nicht in der Lage, sich mehrere Ansätze parallel vorzustellen und sich erst dann für den in dieser Situation passenden zu entscheiden.

Lösungsorientiert zu sein bedeutet den Rahmen der bisherigen Reaktionen auch mal zu überschreiten – sich das wenigstens gedanklich zu erlauben und diese Gedanken dann einfach wirken zu lassen. Es bedeutet die eigene Phantasie anzuregen und auch die Einfälle anderer in Betracht zu ziehen, mögen sie auf den ersten Blick auch noch so abwegig wirken. Wer seinen Lösungsrahmen so weit steckt und im wahrsten Sinne des Wortes alles Mögliche zulässt, dem fällt am Ende die passende Lösung oft in den Schoß – ohne endlos Probleme zu wälzen und zu grübeln.

Episode: Für uns passt das so

Katja *könnte heulen vor Wut. Wieder einmal kommt Stefan nicht pünktlich nach Hause, dabei hat er es hoch und heilig versprochen. Gereizt bereitet sie das Abendessen für ihre beiden Söhne vor. Zwei Klassenarbeiten warten seit Tagen auf die Korrektur, und den Unterricht für morgen hat sie auch noch nicht vorbereitet. Also wird sie den Abend mal wieder am Schreibtisch verbringen.*

Katjas Laune sinkt von Minute zu Minute. Als Stefan endlich nach Hause kommt und sie entschuldigend in den Arm nehmen will, macht sie ihrem Ärger Luft. "Auf dich ist einfach kein Verlass! Den ganzen Nachmittag hab' ich mich schon um die Kinder gekümmert und konnte nichts für die Schule tun. Und dann bist du nicht mal abends beizeiten da!" Stefan ist jetzt auch genervt: "Ich würde doch auch lieber früher zu Hause sein, aber ich muss schließlich zusehen, dass der Betrieb läuft. Jetzt bin ich da und will mich kümmern, aber du willst die Zeit mal wieder mit sinnlosem Streit verschwenden."

Ähnliche fruchtlose Auseinandersetzungen haben sie schon häufig geführt. Während Katja gefrustet die Spülmaschine einräumt, kommen ihr die Worte ihrer Schulfreundin Simone wieder in den Sinn. Als Simone für einige Tage bei ihnen wohnt, bleiben ihr die Spannungen nicht verborgen, obwohl sich alle wegen des Besuchs zusammenreißen. "Mal ehrlich, ihr braucht eine Entlastung in der Kinderbetreuung," rät sie Katja. "Sucht euch jemanden für nachmittags, damit du deine Schreibtischarbeit nicht immer auf den Abend verschieben musst. Wenigstens ab und an braucht ihr einen gemeinsamen Feierabend, sonst könnt ihr eure Ehe bald in die Tonne kloppen. Und euren Jungs tun die ewigen Streitereien auch nicht gut!"

Kommentar:

Im Grunde genommen weiß Katja, dass es für Stefan als Firmenchef unrealistisch ist, jeden Abend um eine bestimmte Uhrzeit zu gehen. Und Stefan liegt es fern, Katjas Arbeit für die Schule herabzuwürdigen. Ihre Übereinkunft, sich Haushalt und Kinderarbeit 50:50 zu teilen, stößt im Alltag immer wieder an Grenzen. Obwohl die momentane Lösung für keinen zufrieden stellend ist, blockieren sie sich und neue Ideen dadurch, dass sie bestimmte Normen und Grundsätze als unumstößlich verinnerlicht haben:

- Gute Eltern sein bedeutet in jeder "freien" Minute für die Kinder da zu sein.
- Gleichberechtigt sein heißt, jeder muss genau den gleichen Anteil an Haushalts- und Erziehungsarbeit leisten.
- Wir müssen das alleine hinkriegen.

Erst als Simones deutliche Worte dazu führen, dass sie die Allgemeingültigkeit dieser Grundsätze in Frage stellen, wagen sie Lösungsansätze zu denken, die nicht den Normen des Umfeldes entsprechen, aber allen Beteiligten guttun:

Ihre Nichte Pia verbringt drei Nachmittage in der Woche mit den Jungs, bringt sie zum Sport, spielt oder lernt mit ihnen. Diese Zeit nutzt Katja für ihre berufliche Arbeit. Wenn die Unterrichtsvorbereitungen erledigt sind, freut sie sich richtig darauf, mit den beiden den Abend einzuläuten und kann sich gut damit arrangieren, dass Stefan flexibel dazu stößt.

Stefan übernimmt das Aufräumen und Vorbereiten des nächsten Tages und den Freitagnachmittag mit den Kindern. Pia kommt die Aufstockung ihres Taschengeldes sehr entgegen. Von kritischen Kommentaren einzelner Verwandter oder Bekannter lassen sie sich nicht irritieren, denn ihnen geht es allen gut mit diesem Arrangement.

Reflexionsfragen:

Mit welchen Gegebenheiten in Ihrem Leben sind Sie latent oder offen unzufrieden?

Welche Vorannahmen hindern Sie daran, den Rahmen Ihrer bisherigen (offensichtlich unzureichenden) Lösungsansätze zu überschreiten?

- Was würde passieren, wenn Sie es täten?

- Was befürchten Sie, wenn Sie diese Normen und Glaubenssätze erschüttern?

- Wer würde nicht einverstanden sein / Sie dafür kritisieren oder in Frage stellen?

- Was könnten Sie tun, um damit gut zurecht zu kommen?

Übungsvorschläge:

Überschreiten Sie den üblichen Rahmen, indem Sie auch verrückte oder „verbotene" Möglichkeiten denken. Innovative Lösungen zeichnen sich dadurch aus, dass keiner sie bisher in Erwägung gezogen hat, aus welchen Gründen auch immer.

Eine Möglichkeit, die Grenzen des bisherigen zu überschreiten, ist die Frage: Was kommt auf keinen Fall in Frage? Was geht gar nicht?

Und dann fragen Sie sich: Und was ist der Charme in genau dieser Idee?

Oder spielen Sie durch, auf welche Ideen Menschen, die ganz anders denken und handeln als Sie kommen würden:
- der fünfjährige Lausejunge
- die Kollegin, die es sich so "einfach" macht
- Maria Stuart, Anna Karenina oder Frau Holle

Diese Perspektiven erweitern Ihren Spielraum, Ihre zurzeit beste ureigene Lösung zu finden.

Episode: Das Gute im Schlechten

Barbara *knetet immer wieder ihre kalten Hände. Nervös sortiert sie Papierstapel von einer Seite des Schreibtischs auf die andere. In einer halben Stunde hat sie wieder ein Gespräch mit ihrer neuen Vorgesetzten. Von ihr hat Barbara sich schon einiges an Kritik an ihrem Umgangsstil mit Kunden und Bürgern anhören müssen. Barbara fürchtet, dass sie es dieses Mal nicht schaffen wird, sich ihren Plänen zur Veränderung ihrer Aufgaben zu entziehen.*

Seit 15 Jahren arbeitet Barbara als Servicekraft an der Rezeption und Telefonzentrale einer Samtgemeinde. Im Lauf der Jahre hat sie sich in ihrem Arbeitsbereich eingerichtet. Die alltäglichen Abläufe sind ihr in Fleisch und Blut übergegangen. Barbara hat keine Neigung, etwas anderes zu tun als das Gewohnte, und auch nicht den Ehrgeiz ihre Arbeit zu optimieren oder zu erweitern. „Ich bin hier als Telefonistin und nichts anderes eingestellt worden und das will ich auch bleiben", beharrt sie. Doch die Überlegungen zu einer kompletten Umgestaltung des Arbeitsbereiches Rezeption werden durch die unflexible Haltung von Barbara noch forciert.

Mit den Anregungen und Übungen in einem Kommunikationsseminar, das sie auf Anordnung ihrer Vorgesetzten besucht, kann sie nichts anfangen. „Auf einmal soll das, was ich seit Jahren mache, nicht mehr gut genug sein!" beschwert sie sich bei Kolleginnen. „Ich bin damit immer zurechtgekommen!"

Barbaras Mann, der als Frührentner mit einem kleinen Hausmeisterjob viel zu Hause ist, bedrängt sie, sich nichts gefallen zu lassen. „Einfach stur bleiben, die können dich zu gar nichts zwingen", ist seine Devise.

Kommentar:

Barbara versucht um jeden Preis festzuhalten, was sie in der langen Zeit ihrer Betriebszugehörigkeit an vermeintlichen Sicherheiten gewonnen hat:

- Ihren Aufgabenbereich hat sie sich weitgehend nach eigenem Ermessen einrichten und begrenzen können.
- Eigenmächtige Gepflogenheiten bezüglich Pausen, Urlaub und Arbeitszeiten betrachtet sie inzwischen als ihr verbrieftes Recht.
- Sie ist gewohnt ihre Aufgaben ohne Korrektiv oder verbindliche Vorgaben seitens ihrer Vorgesetzten zu erledigen.

Barbara wurde und ist oft sich selbst überlassen. Ohne direkte Kolleginnen ist ihr Arbeitsplatz trotz der zentralen Funktion einsam. Daher hat sie nicht gelernt ihre eigene Arbeitsweise zu hinterfragen oder sich konstruktiv mit anderen auseinanderzusetzen. Auf Kritik von Mitarbeitern oder Vorgesetzten oder Beschwerden von Kunden reagiert sie in der Regel damit, dass sie sich gekränkt zurückzieht und einige Tage fehlt.

Die Sorge, ihren sicheren Posten und unter Umständen sogar ihre Arbeit zu verlieren, verstärkt Barbaras defensive Haltung. Sie befürchtet, neuen Anforderungen nicht gewachsen zu sein. Gleichzeitig steht sie unter Druck, zu Hause unter Beweis stellen zu müssen, dass sie in der Lage ist sich zu behaupten. Das blockiert sie so, dass sie ihre Kräfte im grundsätzlichen Widerstand gegen kleinste Neuerungen verschleißt.

Damit aber versperrt sie sich die Chance, diese unausweichlichen Veränderungen mitgestalten zu können. Wenn sie ihre Energie für ihre Mitwirkung einsetzt, wird das Neue handhabbar. Mit dem Schwinden der Fixierung auf die Bedrohlichkeit werden auch mögliche Vorteile sichtbar.

60

Reflexionsfragen:

Welche aktuell anstehenden Veränderungen in Ihrem Leben lösen Unbehagen oder Angst bei Ihnen aus?

Welche möglicherweise eintretenden Umstellungen betrachten Sie als bedrohlich?

Was bewirkt Kritik bei Ihnen? Welche unterschiedlichen Möglichkeiten auf Kritik zur reagieren kennen Sie?

Wann in Ihrem Leben haben Sie selbst etwas zum Positiven verändert, weil kritische Äußerungen von jemand anderem Ihnen den Impuls dazu gegeben haben?

Auf welche Kritik haben Sie mit Ablehnung und innerem Widerstand reagiert? Was hat es Ihnen gebracht?

Gibt es Menschen in Ihrem näheren Umfeld, von denen Sie sich unter Druck gesetzt fühlen oder unter Druck setzen lassen,

- weil sie Sie mit aus ihrer Sicht einfachen Lösungen und untauglichen Ratschlägen konfrontieren?
- weil Sie glauben, ihnen etwas beweisen zu müssen?

Übungsvorschläge:

Angst und Druck können unser Denken so blockieren, dass wir nicht einmal mehr die Möglichkeit alternativer Lösungen in Erwägung ziehen. Wir verrennen uns in die Vorstellung, dass es nur einen einzigen Ausweg gibt (z.B. alles genau so zu lassen wie es ist.).

Wenn Sie in einer solchen Problemhypnose feststecken, nutzen Sie als erstes Ihre Strategien zur Selbstberuhigung. Danach schauen Sie, was für Ideen anderen dazu einfallen.

Manche Ideen sind verkleidet in Kritik. Kritik tut im ersten Moment jedem weh. Auf lange Sicht jedoch bietet Ihnen jede Kritik eine größere Chance zur eigenen Entwicklung als alle noch so gut gemeinten Ratschläge:

- Wird sie in Sache und Form annehmbar geäußert, ist sie ein Geschenk (das zeigt, dass es nicht egal ist, was Sie tun und lassen).
- Selbst in der Form unangemessene (z.B. schimpfen) oder sachlich nicht ganz zutreffende Kritik (z.B. „ungerechte" Vorwürfe) enthält meist mindestens ein Körnchen Wahrheit.

Lernen Sie die unangenehme Erstreaktion bei Kritik einfach auszuhalten. Entscheiden Sie erst, wenn Sie sich innerlich wieder gefasst haben, was Sie für sich aus dieser Rückmeldung mitnehmen können.

Sprechen Sie mit Menschen darüber, die offen dafür sind und Sie unterstützen wollen und können.

Episode: Gemeinsam kommen wir weiter

Hanna ist mit Leib und Seele Krankenschwester. Mit ihren 54 Jahren ist sie auf der internistischen Station eines der ältesten Teammitglieder.

„Schwester Hanna, heute müssen Sie den Spätdienst auf der Station alleine machen. Schwester Sonja ist krank geworden." Die Pflegedienstleitung schaut sie bedauernd an. Bevor Hanna etwas sagen kann, fügt sie hinzu: „Ich kann Ihnen leider keinen Ersatz schicken. Aber Sie schaffen das schon! Ich bin froh, dass ich Sie in unserem Team habe. Auf Sie ist immer Verlass!"

Es ist nicht das erste Mal, dass Hanna sich in Bedrängnis fühlt. Schon wieder melden sich ihre Magenschmerzen. Die Anforderungen sind gestiegen, der Personalschlüssel hingegen wurde massiv beschnitten. Hanna ist gutwillig und äußerst hilfsbereit. Eine Bitte schlägt sie nicht ohne Not ab, besonders wenn jemand auf sie angewiesen zu sein scheint. Doch mittlerweile fühlt sie sich ständig überlastet und ausgenutzt. Als sie sich an ihre Stationsleitung wendet, um die Probleme anzusprechen, bekommt sie zu hören: „Wenn du das bei uns nicht mehr schaffst, kann ich dir auch nicht helfen. Die Zeiten sind nun mal nicht mehr so wie früher!"

Hanna ist verzweifelt. Es scheint keinen Ausweg zu geben. Einfach so weiter machen? Krank werden? Vorzeitige Rente? Hanna droht zu resignieren. Doch sie will sich ihre letzten Berufsjahre nicht durch solche Umstände verleiden lassen. Die Liebe zu ihrem Beruf gibt ihr schließlich die Kraft aktiv zu werden und zu kämpfen. Sie wendet sich an den Betriebsrat um Unterstützung und gründet mit anderen Mitarbeitern eine Gruppe, die gemeinsam nach Lösungen suchen

Kommentar:

Hanna erlebt eine massive Verschärfung der Arbeitsbedingungen. Ohne Rücksicht auf Mitarbeiter und Patienten greifen rigorose Sparmaßnahmen:

- Umfang und Schwere der Arbeit nehmen zu.
- Fehlende Kolleginnen werden nicht ersetzt.
- Ihre direkte Vorgesetzte zeigt kein Verständnis und weist ihr Anliegen ab. Ihre oberste Vorgesetzte manipuliert sie durch subtilen Druck.

Diese strukturelle Problemlage spitzt sich zu durch eine persönliche Einschränkung: Hanna kann sich sehr schlecht wehren und abgrenzen.
Das Wort nein kommt ihr nicht über die Lippen.

Die Kombination von äußerem und innerem Druck löst bei Hanna eine depressive Verstimmung aus, die durch die fehlende Empathie in ihrem Umfeld noch verstärkt wird. So lange sie ihre Lage als aussichtslos betrachtet, richtet sich ihre Frustration nach innen und führt auch zu ersten körperlichen Symptomen.

Hanna hat für erhöhte Anforderungen und Stresssituationen ein defensives Bewältigungsmuster ausgeprägt. Sie holt das letzte aus sich heraus, um allen Anforderungen und Erwartungen gerecht zu werden.

Erst als sie sich auf ihre eigene Motivation besinnt, die ursprüngliche Freude an ihrem Beruf, kann sie auch kämpferische Kräfte mobilisieren. Sie wird nach außen aktiv, ist bereit sich zu wehren und auch Konflikte zu riskieren. Diese neue Entschlossenheit öffnet ihren Blick dafür, dass sie nicht allein auf verlorenem Posten ist. Sie sucht sich gezielt Unterstützer und Mitstreiter für das Erproben anderer Strategien.

Reflexionsfragen:

Wie reagieren Sie typischerweise, wenn der Druck von außen sich erhöht?

Welche Konsequenzen hat das für Sie persönlich? Sind Sie mit diesen Konsequenzen zufrieden?

Was sind Ihre gewohnten Problemlösungsstrategien?
- Sich den Erfordernissen anpassen?
- Erst denken, dann handeln?
- Aus dem Augenblick heraus improvisieren?
- Auf alles minutiös vorbereitet sein?
- ?
- ?

Wenn Sie mit Ihren bewährten Methoden nicht zum Ziel kommen, bleiben Sie dann trotzdem weiter dabei oder wechseln Sie die Pferde und machen einmal etwas ganz anderes, Überraschendes?

Was könnte Sie dazu bringen, sich auf eine Strategie einzulassen, die Ihnen fremd ist?

Übungsvorschläge:

In Gefahrensituationen müssen wir uns schnell entscheiden und unverzüglich handeln. Daher ist unser Lösungsspielraum umso kleiner, je größer Stress und Druck empfunden werden.

Wenn Sie so unter Druck stehen, dass Ihnen keine Alternativen mehr einfallen, lassen Sie das Problem erst einmal los: Binden Sie es gedanklich an einen Luftballon und lassen ihn aufsteigen, legen Sie es in die Tiefkühltruhe oder sperren Sie es in einen Stall.
(Mit dieser Methode können Sie sich übrigens auch von alltäglichem Ärger und Verdruss befreien.)
Erst dann öffnet sich wieder der Horizont für andere Lösungsstrategien.

Machen Sie sich bewusst, wie Ihre gewohnten Lösungsstrategien aussehen. Überlegen Sie, welche ganz anderen (vielleicht sogar gegensätzlichen) Vorgehensweisen Erfolg versprechend wären.

Besinnen Sie sich darauf, was Sie erreichen wollen und wofür das wichtig ist.
Das gibt Ihnen den Mut, etwas zu probieren, das Sie noch nie getan haben.
Lassen Sie sich überraschen, wie motivierend und bestärkend die Wirkung einzelner Impulse und erster Schritte ist.

Nicht alles ist alleine zu schaffen. Suchen Sie sich solidarische Mitstreiter, um Ihre Möglichkeiten zu erweitern und Ihren Einfluss zu vergrößern.

Episode: Im Chaos der Gefühle

Robert ist beruflich erfolgreich und hat in seiner jetzigen Firma eine steile Karriere gemacht. Privat läuft es dagegen nicht so gut. Seine Ehe mit Lisa dümpelt seit einigen Jahren dahin. Ihr Sohn Aron ist aus dem Gröbsten heraus und verbringt seine Freizeit lieber mit Freunden als mit seinen Eltern. Lisa hat sich ein aufwändiges Hobby zugelegt, Reitstunden und die Pflege ihres Pferdes nehmen jeden Tag sehr viel Zeit in Anspruch.

Da ist es kein Zufall, dass Roberts attraktive neue Kollegin Silke wie ein Wirbelwind in sein Leben gefegt ist und ihm den Kopf verdreht hat. Vor einigen Wochen hat er sie zum ersten Mal in ein abgelegenes Restaurant eingeladen. Das gepflegte Essen und die angeregte Unterhaltung liefen auf die klassische Frage „Darf ich dich nach Hause bringen?" hinaus und endeten in Silkes Schlafzimmer.

Seit diesem Abend ist Robert ist ganz durcheinander. Er fragt sich, ob er sich ernsthaft in Silke verliebt hat. Er vergisst Termine, ist schlecht vorbereitet und lässt die Morgenbesprechung mit seinem Chef unkonzentriert und fahrig über sich ergehen. Auch Roberts Mitarbeiter wundern sich über seine Nachlässigkeiten. Hinter seinem Rücken wird bereits getuschelt.

Gestern ist er mit Silke von Abteilungsleiter Borchert gesehen worden. Dessen Frau reitet im gleichen Verein wie Lisa. Robert überlegt fieberhaft, was er tun soll. Silke sind seine Sorgen ziemlich gleichgültig. Sie hat einfach Spaß daran, mit Robert zusammen zu sein und genießt den Sex mit ihm. Seine Gefühle hingegen sind ein Chaos, seine Ehe ist gefährdet, seine Arbeitsfähigkeit leidet, so kann es auf keinen Fall weitergehen.

Kommentar:

Unterschiedliche Voraussetzungen haben Robert in ein Gefühlschaos geraten lassen, das unangenehme Folgen für ihn haben kann.

- Seine Frau und er haben sich auseinandergelebt.
- Die Familie hat an Bedeutung verloren.
- Die Verliebtheit und Leidenschaftlichkeit, die er mit Silke erlebt, sind für ihn Anreiz und Bestätigung.

Die Verliebtheit der ersten Wochen verstellt Robert zunächst den Blick auf die Realität des Alltags:

- Sein Arbeitsverhalten wird nachlässig.
- Seine Führungsautorität wird beeinträchtigt.
- Sein Verhältnis lässt sich auf Dauer nicht verheimlichen.
- Die Situation kostet ihn viel Energie bis zur Überforderung.

Wenn daraus kein Drama werden soll und Robert aus seiner Problemhaltung herauskommen will, muss er erst die Grundlagen für eine gute Lösung schaffen. Dazu gehört, dass er für sich klärt, was ihm am wichtigsten ist, Ehe und Familie, Spaß und Abenteuer, seine Karriere, seine Gesundheit oder was immer für ihn zählt.

Robert zieht sich für ein paar Tage mit seinem alten Freund Anton in die Berge zum Wandern zurück. Hier wird ihm recht schnell klar, dass Lisa ihm noch viel bedeutet und es ihm auch wichtig ist, seine Arbeit gut und verlässlich zu machen. Er beschließt, auf Lisa zuzugehen und Sie zu bitten, mit ihm zusammen ihr gemeinsames Leben neu zu gestalten. Dann kann er die Affäre mit Silke als - letztlich heilsamen - Ausrutscher betrachten und sich wieder auf seine Aufgaben konzentrieren.

Reflexionsfragen:

In welchen Situationen haben Sie im Wirrwarr der Gefühle die Übersicht über Ihre Prioritäten verloren?

Sind Sie vielleicht zurzeit in einer solchen Lage?

Sind Sie in scheinbare Lösungen gerutscht, die sich dann als Problem entpuppt haben?

Kennen Sie Ihre persönliche Wertehierarchie?

Ist Ihnen bewusst, was Ihnen wirklich wichtig ist im Leben? Wichtiger als alles andere?

Wissen Sie, worauf Sie auf keinen Fall verzichten wollen?

Suchen Sie manchmal überstürzt und kopflos nach Allzweck-Lösungen ohne geklärt zu haben, was diese Lösung Ihnen bringen soll?

Übungsvorschläge:

In komplexen Situationen – beispielsweise auch, wenn zu viele Anforderungen gleichzeitig auf Sie einstürmen - drängen sich häufig einzelne Puzzleteile ins Zentrum der Aufmerksamkeit und versperren die Übersicht. Eine zufriedenstellende Lösung scheint nicht in Sicht oder sogar unmöglich. Dann heißt es aufräumen, sortieren, umschichten, neugestalten und in eine passende Form bringen.

Gehen Sie auf Abstand, um den Überblick wieder zu gewinnen.

Klären Sie die obersten Kriterien für eine gute Lösung: Was soll am Ende auf jeden Fall sichergestellt sein?

Diese Kriterien entsprechen Ihren persönlichen Werten. Sie lassen sich nicht allein mit dem Kopf finden. Unser Unbewusstes weiß besser, was uns wichtig ist als unser bewusster Verstand. Ziehen Sie sich zurück (allein oder mit einem Menschen Ihres Vertrauens), um Ihre innere Stimme (wieder) zu hören. Trauen Sie ihr. Sie sagt Ihnen zuverlässig, was für Sie auf Dauer von Wert ist.

Wenn Ihnen Ihre Werte bewusst sind, richten Sie konsequent Ihre Entscheidungen danach aus. So ersparen Sie sich weitere Probleme, die sich aus kurzfristigen Orientierungen ergeben.

Episode: Dein Glück ist nicht mein Glück

Svenja ist eine Powerfrau. *Als Chemikantin in einem Pharmakonzern hat sie sich in Rekordzeit zur Industriemeisterin und zur Betriebswirtin weiter qualifiziert. Ihre aktuelle Aufgabe in der Organisationsentwicklung verbindet großen Gestaltungsspielraum mit der Notwendigkeit, Menschen für neue Wege gewinnen zu können. Von Vorgesetzten wie auch von Mitarbeitern erfährt Svenja große Anerkennung für ihre Arbeit und ihren Umgang mit Menschen. Sie genießt ihren Bekanntheitsgrad und ihr Ansehen in der Firma und nutzt es gleichzeitig wieder für ihre Arbeit.*

Ihr Mann Jens ist nicht so ehrgeizig und so erfolgreich wie sie, kann damit aber gut leben. Schon öfter haben sie durchgespielt, dass es gut funktionieren könnte, wenn Jens beruflich kürzer treten würde für ein Kind. Als ihnen trotz aller Bemühungen eigene Kinder versagt bleiben, kann Jens sich auch damit gut arrangieren. Er richtet sich sein Leben nach seinen Interessen angenehm ein und würde gern die knappe gemeinsame Freizeit einfach genießen. Svenja aber fühlt sich deprimiert und als Versagerin. Sie glaubt, dass ihr etwas Wichtiges fehlt.

Als ihre Schwester sich in ihrer dritten Schwangerschaft sehr schonen muss, zieht Svenja für einige Wochen dort ein. Sie hofft insgeheim, dass sie als coole Ersatzmama von ihren Nichten bewundert wird. Doch die Kinder sind häufig weinerlich und trotzig und wollen zu ihrer Mama. Das enge Zusammenleben ist anstrengender als gedacht. Überall ist Unordnung, nie scheint wirklich Ruhe zu sein. Svenja ist bereits nach einigen Tagen fix und fertig und trotzdem froh, wenn sie zur Firma gehen kann. Die Arbeit empfindet sie als Erholung. Ihr wird klar, dass sie für ein Leben mit Kindern einen hohen Preis bezahlen müsste.

Kommentar:

Svenja geht in ihrer Arbeit ganz auf, entwickelt sich dabei auch persönlich weiter und fühlt sich erfüllt und glücklich.

- Die Sehnsucht nach Kindern taucht vor allem dann auf, wenn sie andere erlebt.
- Das Problem für Svenja lautet nicht Kinderlosigkeit, sondern Neid. Es geht ihr gut in ihrer aktuellen Lebenssituation, erst im Vergleich zu anderen fehlt ihr etwas.
- Jens kann nicht nachvollziehen, warum sie sich manchmal frustriert und deprimiert fühlt.

Für Svenja ist es wichtig herauszufinden, welches unerfüllte Bedürfnis wirklich hinter ihrem Kinderwunsch steckt: es ist ihre Sehnsucht, einem anderen Menschen ganz nahe zu sein und sich in ihm wieder zu finden. Das glaubt sie sich mit Kindern erfüllen zu können und zu müssen.

Doch die Wochen in der Familie ihrer Schwester haben ihr gezeigt, dass es keine Garantie gibt, dies über Kinder erfüllt zu bekommen. Im Grunde passen Kinder gar nicht zu ihrem Lebensstil. Die ersehnte Nähe vermisst sie auch bei Jens, dessen Vorstellung von einem bequemen Leben sie nicht teilen kann.

Wenn wir nicht überprüfen, um welche Werte und Bedürfnisse es uns eigentlich geht, landen wir bei funktionalen Lösungen, die uns aber nicht berühren und uns nicht satt machen. Viele haben den beiden schon geraten, doch ein Kind zu adoptieren, um damit das „Problem" zu lösen. Doch Jens kann gut ohne Kinder leben und Svenja geht es nicht wirklich darum, sich für viele Jahre ihres Lebens auf ein Kind einzustellen. Sie braucht Lösungen dafür, wie sie tiefere Beziehungen pflegt und sich mit Menschen verbindet. Ob sie das mit Jens erfahren kann, steht auf einem anderen Blatt.

Reflexionsfragen:

Kennen Sie Ihre Werte? Gehen Sie ihren Sehnsüchten auf den Grund? (Gefühle sind die Kinder der Bedürfnisse - Neid, Angst, Trauer sind Hinweise auf verbesserungswürdige Bereiche Ihres Lebens.)

Produzieren Sie schnell Lösungen, ohne klar zu haben, worum es Ihnen eigentlich geht?

Wo sind Sie fixiert auf eine ganz bestimmte Lösung, von der Sie nicht einmal sicher sein können, dass es Ihnen wirklich gut geht, wenn sie zu verwirklichen ist? Was verhindert diese Fixierung?

Welche Lösungen, die auf der Hand zu liegen scheinen, sprechen Sie überhaupt nicht an? Wahrscheinlich liegt es daran, dass ihr eigentliches (manchmal auch unbewusstes) Bedürfnis davon nicht gestillt wird.

Übungsvorschläge:

Lassen Sie sich Zeit damit herauszufinden, was sie "eigentlich" wollen. Unsere tiefsten Bedürfnisse teilen sich auch uns selbst nicht unmittelbar mit.

Geben Sie sich Raum zum Nachsinnen und Nachspüren, während Sie Ihren Körper mit etwas beschäftigen, was er automatisch kann: radeln, bügeln, gehen ... Dann tauchen aus dem Unbewussten Gedankenfetzen auf, die Sie auf ihre tiefen Bedürfnisse hinweisen.

Wenn Sie erst einmal Ihre Werte und Bedürfnisse herausgefunden haben, ist die Lösungssuche ein Prozess voller Überraschungen: erst jetzt hat ihre Kreativität die Chance, wirklich passende Ideen zu fabrizieren.

Auch andere haben gute Ideen, wenn sie wissen wofür: Lassen Sie sich „bedienen" mit dem, was andere zu bieten haben, vielleicht ist Ihr „Universalbenutzer" schon dabei, vielleicht müssen Sie ihn auch erst von seiner Verkleidung befreien.

SICH SELBST REGULIEREN

Wer sich keine Zeit für Gesundheit nimmt,
wird sich Zeit für Krankheit nehmen müssen.

Sich selbst angemessen regulieren zu können ist eine hohe Kunst und gleichzeitig eine notwendige Voraussetzung für Widerstandsfähigkeit und Gesundheit. Dabei ist Selbstregulierung nicht zu verwechseln mit ständiger Disziplinierung und Kontrolle. Um in Balance zu kommen brauchen Körper, Geist und Seele neben Phasen strukturierter Arbeit und zielorientierten Handelns ausreichend Gelegenheit zur Entspannung und zum Genießen. Tagträume, Meditation, Bewegung in angemessener Form und wohltuende Beziehungen bringen einen gesunden Ausgleich.

Doch wer kennt es nicht? Ein Projekt muss zu Ende gebracht werden, die Eltern warten auf den überfälligen Besuch, die Kinder kämpfen mit ihren Hausaufgaben – und so bleiben die eigenen Bedürfnisse wie ausruhen, ins Kino gehen oder Sport treiben wieder einmal auf der Strecke. Der Körper sendet schon verschiedene Signale in Form von Verspannungen, Schmerzen oder Beschwerden, um mitzuteilen, dass es höchste Zeit ist für eine Pause oder sogar eine Kurskorrektur. Doch die werden kaum wahrgenommen oder übergangen, die Selbstfürsorge verschoben auf irgendwann einmal.

Wer übermäßig lange in der Problem- und Fehleranalyse verharrt, immer bis ins Detail perfekte Ergebnisse liefern oder allen Erwartungen gerecht werden will, braucht sich über schlechte Stimmung und Unlust auf erfreuliche Aktivitäten nicht zu wundern.

Andere verlieren vor lauter Aktionismus und Impulsivität anstehende Notwendigkeiten aus den Augen, vernachlässigen Struktur und Zielgerichtetheit und lassen ihre Energie in zufälligen Aktivitäten versickern. Am Ende fühlen sie sich erschöpft aus dem Gefühl heraus, viel getan und nichts geschafft zu haben.

Doch nicht nur zu große oder zu viele Belastungen können eine Schieflage in der Selbstregulierung verursachen. Auch eine ständig aufwärts gehende Erfolgsspirale hat ihre Tücken. Wen die Glückshormone des Erfolges überschwemmen, der verliert leicht aus den Augen, was ihn eigentlich zufrieden stellt und verloren zu gehen droht.

Das Geheimnis gelungener Selbstregulierung liegt darin, immer wieder eine wohltuende Balance herzustellen zwischen Anspannung und Entspannung, zwischen Arbeit und Pause, zwischen Anstrengung und Genuss, zwischen Intuition und Vernunft, zwischen Gefühl und Sachlichkeit, zwischen Tun und Lassen. Die meisten Menschen neigen dazu, jeweils eine Seite zu übertreiben und so aus dem Gleichgewicht zu kommen

Energiequellen und Energiefresser im Gleichgewicht zu halten ist langfristig eine Voraussetzung für Gesundheit und Wohlbefinden und daher eine permanente Lebensaufgabe. Die neuesten Erkenntnisse der Hirnforschung zeigen, dass Menschen, die ihre persönlichen Grundmotive kennen und verfolgen, grundsätzlich zufriedener und stabiler sind. Zu diesen Grundmotiven gehören soziale Kontakte, Steigerung der Kompetenz, Verwirklichung eigener Interessen sowie die freie Selbstentfaltung. Was uns ausfüllt ohne uns zu erschöpfen, liegt also schon in uns. Wir müssen es nur ergreifen und anderes lassen.

Episode: Bevor nichts mehr geht

Mareike ist ziemlich frustriert. Wieder einmal quält sie sich mit starken Bauch- und Rückenschmerzen herum. Obwohl sie diese Schmerzattacken öfter hat, hat sie bisher kaum einmal deshalb bei der Arbeit gefehlt. In der Regel hält sie mit letzter Kraft durch bis zum Feierabend um dann völlig erschöpft ins Bett zu sinken.

Als sie eines Tages vor Schmerzen bei der Arbeit beinahe kollabiert, bringt eine Kollegin sie zum Arzt. Mareike hat eine ganze Reihe von Gallensteinen, die operativ entfernt werden müssen. Sie ist ungehalten, wie lange sie nach der OP braucht um wieder richtig auf die Beine zu kommen. Es gibt ihr aber auch zu denken, dass sie die Signale ihres Körpers so lange übergangen hat.

Während der Rekonvaleszenz beginnt Mareike mit moderater Bewegung, gewöhnt sich erholsame Pausen im Tagesablauf an und nimmt sich nach der Arbeit erst mal Zeit für sich selbst. Doch dann verlängert ihr Arbeitgeber die Öffnungszeiten bis 20.00 Uhr. Mareike ist am Boden zerstört. „Jetzt kann ich alles vergessen, was ich angefangen habe!" stöhnt sie. „So spät abends kann ich mich doch zu nichts mehr aufraffen!" Als Frühaufsteherin scheint ihr die Spätschicht besonders mühsam, während sie die freie Vormittagszeit als nutzlos verplempert betrachtet.

Einige Wochen hadert sie mit der neuen Regelung, doch dann beginnt sie die Zeit am Vormittag für sich zu nutzen. Sie frühstückt ausgiebig und in Ruhe, geht zum Schwimmen oder Walken und entdeckt ein altes Hobby neu, Gedichte schreiben. Nach einiger Zeit sind ihr diese Vormittagsstunden so lieb geworden, dass sie sich sogar auf die Tage mit Spätschicht freut und sie genießt. Und körperlich fühlt sie sich besser und kräftiger denn je.

Kommentar:

Im Krankenhaus ist Mareike nicht bedrückt wegen der Diagnose oder der anstehenden Operation. In erster Linie verspürt sie Erleichterung darüber, dass sie sich einfach ins Bett sinken lassen kann ohne sich um irgendetwas kümmern zu müssen. Das zeigt ihr überdeutlich, wie sehr sie Raubbau an ihrer Gesundheit getrieben hat.

Dazu haben einige ihrer Denk- und Verhaltensgewohnheiten beigetragen:

- Mareike übergeht ihre Schmerzen, die anzeigen, dass etwas nicht in Ordnung ist.
- Sie erlaubt sich kaum Erholungspausen, weil sie fürchtet sich zu nichts mehr aufraffen zu können, wenn sie erst einmal ihrer Erschöpfung nachgibt.
- Weil sie auf jeden Fall trotz ihrer Beschwerden am gewohnten Arbeitseinsatz und Pensum festhalten will, zehrt sie an ihren letzten Kraftreserven.

Ihr Körper hat jetzt diese Notbremse gezogen. Mareike spürt aber auch, dass es nicht damit getan ist, ihre akute Erkrankung zu überwinden. Damit sie auf Dauer gesund bleiben kann, muss sie ihre Einstellung und ihr Tun verändern.

Mareike setzt ihren Entschluss zu einem gesünderen Lebensstil konsequent um. Selbst als sie die veränderten Arbeitsbedingungen zunächst als Erschwernis und Widrigkeit wahrnimmt, lässt sie sich nicht dauerhaft beirren. Nach einiger Zeit beginnt sie, ihre Maßnahmen der neuen Situation anzupassen.

Dass sich diese Umstellung am Ende sogar als die bessere Voraussetzung herausstellt, ist eine positive Wendung, in deren Genuss Mareike nie gekommen wäre, wenn sie nicht beharrlich versucht hätte, das Beste aus den Gegebenheiten zu machen.

Reflexionsfragen:

Nehmen Sie körperliche Warnsignale in Form von wiederkehrenden Schmerzen oder Beschwerden wahr und nehmen Sie diese ernst?

Gibt es Beschwerden, die Sie immer wieder übergehen, verdrängen oder mit Medikamenten oder anderen Drogen unterdrücken ohne zu prüfen, ob sich ein Muster erkennen lässt, wodurch und bei welchem Anlass sie auftreten?

Welche Botschaften haben Sie als Kind aufgenommen, wenn Sie sich weh getan hatten oder krank waren?
- Indianerherz kennt keinen Schmerz.
- Stell dich nicht so an. / Reiß dich zusammen.
- Wo kämen wir hin, wenn man sich bei jedem Zipperlein hängen lässt?

Kommen Ihnen solche Sätze bekannt vor?

Erinnern Sie sich vielleicht, dass Ihre Eltern sich auch bei Krankheit oder Verletzung nicht geschont haben? Oder hat bei Ihnen ein Familienmitglied die anderen durch Unwohlsein und Krankheit zu manipulieren versucht?

Auch ohne dass es Ihnen bewusst ist, können solche alten Überzeugungen und Erfahrungen immer noch wirksam sein und Sie davon abhalten, körperliche Warnsignale angemessen zu berücksichtigen.

Übungsvorschläge:

„Rede du mit ihr", sagte der Verstand zum Körper. Auf mich hört sie nicht."
Der Körper kann ein Sprachrohr der Seele sein. Er zeigt uns ziemlich zuverlässig an, wenn wir uns überfordern und Schindluder mit unserer Gesundheit und unseren Kräften treiben.

Fällt es Ihnen schwer, sich bei körperlichen Überlastungsanzeichen zu schonen und zu regenerieren, dann machen Sie sich von Zeit zu Zeit bewusst, welche Einstellungen zum Thema Krankheit und Erschöpfung Sie verinnerlicht haben.
Verabschieden Sie sich von ungesunden Überzeugungen. Finden und festigen Sie eine eigenständige und selbstverantwortliche Haltung.

Ein hartnäckiger Husten, Schmerzhafte Verspannungen
Wiederholte Kreislaufbeschwerden - solche Anzeichen sollten Grund und Anlass genug sein, spätestens jetzt die Reißleine zu ziehen und etwas für die eigene Gesundheit zu tun.

Prophylaktische Maßnahmen sind im Übrigen wesentlich leichter und wirkungsvoller als nachträgliche Reparaturarbeiten. Denn sind die Energien erst einmal weitgehend aufgebraucht, wird es immer mühsamer aus eigenen Kräften zu regenerieren.
Welche Kleinigkeit könnten Sie noch heute / diese Woche verändern, um Ihrer Gesundheit einen höheren Stellenwert einzuräumen?

Episode: Das perfekte Vorbild

Anne weiß nicht, ob sie weinen oder schreien möchte. Während ihre Mitarbeiter längst ins Wochenende verschwunden sind, überarbeitet sie noch die Anschreiben an die Dozenten, die am Montag in die Post sollen. Kopfschüttelnd stellt sie fest, wie nachlässig im Stil und lieblos in der Ansprache die zuständige Mitarbeiterin den Brief abgefasst hat.

Verärgert mailt sie ihr die verbesserte Fassung mit den Worten: "Wenigstens stimmen alle Daten. Doch ich erwarte ein bisschen mehr emotionale Kompetenz gerade im Umgang mit externen Dozenten." Seufzend malt sie sich die unwillige Reaktion der Kollegin aus, wenn diese am Montag ihr Postfach öffnet. Das wird wohl wieder ein anstrengender Wochenbeginn.

Als Anne ein halbes Jahr zuvor zur Leiterin der Schulungsabteilung ernannt wird, geht sie mit reiflicher Überlegung und gründlicher Vorbereitung an die neue Aufgabe heran. Sie ist überzeugt, dass sie sich von Anfang an Respekt verschaffen muss.

Auf jeden Fall will sie selbst Modell sein für das, was sie von ihren Mitarbeitern verlangt. Dass sie bis spät abends auch zu Hause noch Situationen des Tages reflektiert oder Vorgehensweisen durchspielt, wird bald zum Regelfall.

In der ersten Zeit scheinen sich die meisten ihrem betont professionellen Umgangston und ihrer kontrollierten disziplinierten Arbeitsweise anzupassen. Zumindest spürt Anne keinen Widerstand. Sie fühlt sich in ihrem Konzept bestätigt und geht davon aus, dass ihre Vorstellungen im Lauf der Zeit noch selbstverständlicher umgesetzt werden. Doch dann scheint es immer anstrengender zu werden. Anne fühlt sich häufiger missverstanden, manchmal sogar boykottiert und ausgegrenzt.

81

Kommentar:

Anne ist fest entschlossen, die strukturellen, taktischen und kommunikativen Fehler, die sie bei anderen Führungskräften beobachtet hat, zu vermeiden. Diesen Anspruch versucht sie mit unterschiedlichen Strategien zu erfüllen:

- Sie erlaubt sich keine Schwächen, Ungenauigkeiten oder unprofessionellen Reaktionen.
- Sie will immer mit gutem Beispiel vorangehen.
- Um jeden Preis will sie vermeiden, dass sie angreifbar wird oder gar ein Versäumnis oder einen falschen Ton eingestehen muss.

Anne erwartet, dass in der neuen Rolle als Führungskraft ihr Tun von vielen Seiten eher argwöhnisch als wohlwollend beobachtet wird. Gerade weil sie sich unglaublich anstrengt, alles richtig zu machen, fühlt sie sich persönlich schlecht behandelt, wenn die Mitarbeiter nicht vorbehaltlos mitziehen.

Mit ihrem gnadenlosen Anspruch und dem Versuch perfekt zu sein schafft sie zum einen eine Distanz zu den anderen, unter der sie selbst leidet. Zum anderen führt die eiserne Disziplin, die Anne sich abverlangt, dazu, dass sie permanent über ihre Grenzen geht und sich an Kleinigkeiten festbeißt. Enttäuscht und deprimiert, dass nicht alles perfekt läuft, verliert sie aus den Augen, was in der Gesamtheit wichtig ist und was sie im großen Ganzen alles erreicht.

Sich disziplinieren zu können, wenn es darauf ankommt, ist eine wichtige Lebenskompetenz. Zur inneren Balance braucht Anne aber auch Entspannung, Humor sowie die Bereitschaft und die Fähigkeit Dinge nicht grundsätzlich so gut wie möglich, sondern so gut wie nötig zu tun.

Reflexionsfragen:

- In welchen Situationen
- bei welchen Aufgaben
- gegenüber welchen Personen

laufen Sie Gefahr in ungebremsten Perfektionismus zu verfallen und die Messlatte unerbittlich hoch zu legen?

Was löst die Vorstellung in Ihnen aus, eine Sache auf die leichte Schulter zu nehmen, eine Aufgabe nicht hundertprozentig zu erledigen oder sich sogar mal durchzumogeln?

Was löst es in Ihnen aus, wenn andere das tun?

Verlangen Sie auch bei Nebensächlichkeiten von sich, dass Sie Ihr Bestes geben? Können Sie sich manchmal nicht bremsen und bleiben weiter auf Spur, obwohl Sie am Ende Ihrer Kräfte sind?

Kennen Sie den Drang, nachzubessern, wenn Dinge in Ihren Augen hätten besser erledigt werden können?
Signalisieren andere Ihnen, dass sie sich Ihnen gegenüber unzulänglich fühlen?

Übungsvorschläge:

Streben nach Perfektion und vorbildliches Verhalten sind wunderbar, wenn Sie nicht dem Zwang erliegen, dem <u>in jeder Situation</u> entsprechen zu müssen.

Prüfen Sie, ob Ihre hohen Ansprüche wirklich der Sache angemessen sind. Orientieren Sie sich an den <u>Auswirkungen,</u> die Ihr Tun (oder das der anderen) hat oder haben kann. Hinsichtlich seiner Fahrweise kann der Anspruch eines Reisebusfahrers nicht hoch genug sein. Ob die Pausenbewirtung wie am Schnürchen klappt, ist dagegen zweitrangig.

Schrauben Sie in der einen oder anderen nicht so entscheidenden Angelegenheit Ihren Ehrgeiz etwas herunter. Gönnen Sie sich von Zeit zu Zeit einen gezielt unperfekten Tag.

Übertriebene Perfektion lässt Sie streng und unnahbar wirken.
Lassen Sie ruhig einmal zu,
- dass Nachbarn Nachlässigkeiten in Haus oder Garten bemerken.
- dass Familie oder gute Freunde Sie im Schlabberlook oder mit ungewaschenen Haaren sehen.
- dass Kollegen einen vergessenen Termin oder einen Anfall von Müdigkeit mitbekommen.

Die meisten werden diese „menschlichen Züge" sympathisch finden. Sie selber werden entspannter und können mit mehr Humor und Nachsicht auch auf die Unvollkommenheiten anderer reagieren.

Episode: Der Preis des Erfolges

*Barbara ist in ihrer beruflichen Laufbahn an einem Punkt ange-
kommen, der sie vor Freude und Stolz fast platzen lässt. Mit 42 Jahren
hat sie alles erreicht, was ihr im Berufsleben wichtig ist. Ihre konkrete
Karriereplanung hat sie sogar übertroffen.*

*Vorgesetzte und Mitarbeiter loben ihren überdurchschnittlichen
Ehrgeiz und ihren unermüdlichen Fleiß. Innerhalb von nur sechs Jahren hat sie firmenintern ein hervorragendes Konfliktberatungspro-
gramm entwickelt und umgesetzt, das seinesgleichen sucht und mit
einem bundesweiten Innovationspreis ausgezeichnet wurde. Mit inzwischen fünf Mitarbeitern bietet Barbara für die 12.000 Beschäftig-
ten Beratung, Coaching, Mediation und auch kurzfristige Begleitung
in Krisensituationen an.*

*Ihr Privatleben gestaltet sich allerdings nicht annähernd so gelun-
gen. Freunde fühlen sich permanent vernachlässigt, potentielle Partner verabschieden sich immer wieder, weil sie „nie da ist." Gewöhn-
lich kommt sie erst spät abends nach Hause, entweder hatte sie noch
etwas zu organisieren oder musste in einem besonders dringenden
Fall helfen. Kurze Auszeiten mit Wellness und Entspannung sollen
sie für die fehlende Nestwärme entschädigen. Doch nicht einmal der
Jahresurlaub bringt ihr nachhaltige Erholung.*

*In einem Seminar zur Stressbewältigung nennt Barbara als Ziel-
setzung: „Ich will wieder wie früher mindestens 50 Stunden in der
Woche effizient arbeiten können." Die anderen Teilnehmer sehen darin eine chronische Überforderung und schlagen ihr vor, ihre Stunden
deutlich zu reduzieren. Barbara fängt an zu weinen. „Aber es ist doch
mein Baby! Ich kann es doch jetzt nicht aufgeben!" Sie wirkt unglück-
lich und hilflos.*

Kommentar:

Ihre großartigen Leistungen verbunden mit einem hohen Anspruch und dem entsprechenden Erfolg lassen Barbara sich selbst vergessen. Die überaus positiven Rückmeldungen von Kollegen und Vorgesetzten verführen sie dazu, sich immer weiter zu verausgaben und sogar noch eins draufzusetzen.

Glückshormone lösen Euphorie und Überlegenheitsgefühle aus, eine Stimmungslage, die sie zu weiteren großen Herausforderungen antreibt.

Barbara ist an einem Punkt angekommen, wo sie nicht aufhören oder bremsen kann, sondern wie im Hamsterrad immer weiterläuft. Sie will im Gegenteil, dass alles noch besser und beeindruckender wird. Barbara erlebt hier die Frustration der Erfolgreichen: der Druck von innen und außen bleibt, wie sehr sie sich auch anstrengt und egal, was sie schon erreicht hat. Gleichzeitig verzichtet sie auf vieles, was ihr Balance und Ausgleich verschaffen könnte.

Zwar entlastet es manchmal, weniger zu arbeiten oder in seinem Arbeitspensum andere Prioritäten zu setzen. Doch auch mit Teilzeitarbeit ist das Problem nicht automatisch gelöst. Menschen, die nicht loslassen können, laufen Gefahr, die angestrebte Arbeit eben in weniger Stunden zu bewältigen. Am Ende würde Barbara dann vielleicht nur weniger Geld verdienen bei gleicher Leistung und Belastung.

Barbara pflegt seit langer Zeit einen sehr einseitigen Lebensstil, in dem für nichts anders Platz ist als für die Arbeit. Ihr Selbstwertgefühl definiert sich ausschließlich über den Beruf. Sicher kann sie daraus viel Anerkennung und auch persönliche Bestätigung ziehen, doch das steht alles nur auf einem Bein: Wenn das einmal wegbricht, kommt es unweigerlich zur Bauchlandung.

Reflexionsfragen:

In welchem Lebensbereich sind Sie (oder waren Sie schon einmal) so engagiert, dass alles andere unwichtig wird oder in den Hintergrund tritt?

- Beruf und Karriere
- Geld
- Kinder und Familie
- Partnerbeziehung
- Hobby und Interessen
- Selbstpflege
- ?

Haben Sie das bewusst so entschieden oder hat es sich dahin entwickelt? Was hat diese Entwicklung begünstigt?

Welche positiven und negativen Auswirkungen hat es für Sie, alle anderen Bereiche zugunsten eines einzelnen zu vernachlässigen?

Was vermissen Sie, weil dieser Bereich einen so hohen Stellenwert hat?

Wie könnten Sie diese ersehnten Anteile in Ihr Lebenskonzept integrieren?

Übungsvorschläge:

Es ist eine gute Voraussetzung für eine ausgeglichene Gesamtverfassung, wenn Sie über unterschiedliche Lebensbereiche und Energiequellen immer wieder innere Balance und Stabilität finden können. In bestimmten Lebensphasen ist es jedoch gar nicht so selten, dass jemand in einzelne Lebensbereiche mehr Zeit und Energie investiert als in alles andere. Das kann effizient sein, zum Teil sogar notwendig. Entscheidend ist dann, dass Sie die anderen nicht ganz aus den Augen verlieren, damit Sie bei Bedarf zumindest reaktiviert werden können.

Wenn Sie beispielsweise wegen Ihrer kleinen Kinder die Abende in der Regel zu Hause verbringen:
Halten Sie dennoch wenigstens sporadisch Kontakt zu den wichtigsten Freunden in anderen Lebenssituationen.
Halten Sie Ihre persönlichen Interessen wie Kultur oder Sport wach, indem Sie sich zumindest auf dem Laufenden halten.

Wenn der Beruf gerade Ihre ganze Kraft erfordert und für nichts Zeit zu bleiben scheint:
Widmen Sie sich der Familie oder Freunden bei den wenigen Gelegenheiten des Zusammenseins besonders aufmerksam.
Seien Sie erfinderisch, wie Sie sich trotz der knappen Zeit hier und da einbringen können statt dort nur aufzutanken.

Arbeiten Sie beharrlich darauf hin, langfristig die Lebensbereiche zu pflegen und zu integrieren, die Ihnen wichtig sind.

Episode: Das schaff ich auch noch!

Seit 7 Uhr ist Gerhard im Büro und arbeitet sich Posten für Posten durch seine endlose To-Do-Liste. Dazwischen klingelt ständig das Telefon. Er muss gedanklich zwischen den unterschiedlichsten Anfragen hin und her schalten.

Mittlerweile ist es 11 Uhr. Mit der Auswertung der letzten Statistiken hat Gerhard noch nicht einmal angefangen. Der Chef erwartet seine fehlerfreien Berechnungen für verschiedene Optionen. Morgen will er dem Vorstand die neuesten Zahlen vorlegen. Die Zukunft der Abteilung steht und fällt mit seiner exzellenten Vorleistung.

Gegen 15 Uhr lässt sich der Hunger nicht mehr übergehen. Gerhard holt sich in der Kantine ein belegtes Brötchen und dazu einen Apfel. „Der ist ja wenigstens gesund", beschwichtigt er sich. Beides isst er am Schreibtisch, während er seine Emails abruft. Dazu die fünfte oder sechste Tasse Kaffee, er zählt nicht mehr mit. Um 19 Uhr legt er die fertigen Unterlagen für den nächsten Tag auf den Schreibtisch seines Chefs, der bereits um 16 Uhr das Büro verlassen hat.

Nach einer halbstündigen Autofahrt kommt Gerhard erschöpft zu Hause an. Seine Lebensgefährtin Sabine hat Gäste eingeladen und freut sich auf einen anregenden Abend.

Gerhard versucht sich nicht anmerken zu lassen, wie gerädert er ist. Dennoch wirkt er auf die Freunde müde und abwesend. Die ersten gehen bereits gegen 22 Uhr nach Hause. Sabine wirft ihm vorwurfsvolle Blicke zu. Als um 23 Uhr alle weg sind, gibt sie ihm deutlich zu verstehen, wie enttäuscht sie über sein Verhalten ist. Gerhard fällt deprimiert ins Bett, kann aber nicht einschlafen.

Kommentar:

Wenn wir lange Zeit ununterbrochen an Aufgaben arbeiten, die eine hohe Konzentration auf Details verlangen, sinkt die Stimmung und ungute Gefühle machen sich breit. Wir blenden Reize der Umgebung oder des eigenen Körpers aus, um der Belastung standzuhalten.

- Gerhard ist so fixiert auf die fehlerfreie Erstellung von Texten und Zahlen, dass er seine körperlichen und psychischen Bedürfnisse nicht wahrnimmt und übergeht.
- Statt Erholungspausen einzulegen, isst er nebenbei, mit Kaffee versucht er sich konzentriert zu halten.
- Erst gegen 19 Uhr hat er das erste Erfolgserlebnis. Doch die direkte Anerkennung durch seinen Chef bleibt aus.

Gerhard balanciert seine Anspannung und Konzentration nicht durch kleine Belohnungen und Pausen mit Bewegung oder kurzen Sozialkontakten zur rechten Zeit aus. So verschleißt er seine Kräfte und vergisst Prioritäten zu setzen. Wie im Hamsterrad strampelt er weiter, so lange es irgendwie geht.

Ein Blick auf das große Ganze und eine bewusste Entscheidung _für_ die entsprechenden Prioritäten (und _gegen_ die nicht passenden) erzeugt häufiger Erfolgserlebnisse und gibt einen Motivationsschub.

Der Abend in lockerer Runde mit Freunden könnte sehr entspannend sein. Für Gerhard gerät er allerdings zum weiteren Pflichtprogramm, weil er Sabine und seinen Gästen gerecht werden will ohne seine eigene Verfassung zu berücksichtigen.

Reflexionsfragen:

Kennen Sie „Durchhalte-Aktionen" ohne Rücksicht auf Verluste von sich selbst?

Wer oder was verführt Sie dazu?

- Eigene Ansprüche?
- Erwartungen von außen?
- Erfolgsdruck?
- ?

Was bewirken Sie damit? Welche ungewollten Nebenwirkungen nehmen Sie in Kauf?

Pausen haben den Zweck, sich zu erholen und wieder leistungsfähig zu werden.

Wie gestalten Sie Ihre Pausen?

Sind sie ein Gegenstück, zu dem, was Sie davor und danach tun?

Fühlen Sie sich danach gestärkt für den nächsten (Tages-)Abschnitt?

Welche (Nicht-)Aktivitäten bringen Sie in eine wohltuende Balance zum Arbeitsalltag?

- Sport und Bewegung?
- Kulturelle Veranstaltungen?
- Zusammensein mit Familie oder Freunden?
- Alleinsein?
- ?

Kommen diese entsprechend häufig in Ihrem Leben vor?

Reflexionsfragen:

Je kopflastiger die Aufgabe, desto wichtiger sind Pausen mit Bewegung und Sozialkontakten.

Je beziehungslastiger die Aufgabe, desto erholsamer sind Pausen mit Rückzug und Alleinsein.

Gestalten Sie Ihre Unterbrechungen so, dass Sie nicht einfach andere fällige Dinge erledigen, sondern einen Gegenpol schaffen zu Ihrer Tätigkeit davor und danach.

Je aktiver und geforderter Sie sind, desto wichtiger sind Mußestunden ohne Planung, ohne Termine, ohne Vorgaben, damit Sie wieder in Balance kommen.

Reservieren Sie regelmäßig solche Auszeiten in Ihrem Kalender. Zum Beispiel:

Freitag 16 Uhr – 19.00 Uhr: Schwimmen und Saunen.

Oder

Samstag: Nur in den Tag hineinleben.

Um schneller umzuschalten in ein ruhigeres Tempo, eignen sich auch Entspannungstechniken wie Yoga, Qi Gong, Meditation, Autogenes Training oder Progressive Muskelentspannung. Damit verbessern Sie gleichzeitig Ihre Selbstwahrnehmung.

Testen Sie, was davon Ihnen am meisten liegt.

SELBSTVERANTWORTUNG

Wir sind nicht nur verantwortlich für das, was wir tun, sondern auch für das, was wir nicht tun. (Jean Baptiste Molière)

Selbstverantwortung zu übernehmen bedeutet sich für die eigenen Gedanken, Gefühle und Reaktionen zuständig zu sehen statt die Ursache dafür jemand anderem oder den Verhältnissen zuzuschieben. Was auch immer uns an Widrigkeiten begegnet, wir haben die Wahl, wie wir darauf reagieren. Die Verhältnisse, so unangenehm sie sein mögen, zwingen niemanden, in Selbstmitleid zu versinken oder sich wehleidig zurückzuziehen. Kein anderer, so unangemessen er sich auch verhalten mag, bestimmt, dass wir uns ärgern oder aggressiv reagieren.

Wer Selbstverantwortung ernst nimmt, macht sich bewusst, dass über seine eigenen Reaktionen er ganz allein entscheidet. Wer dagegen die Schuld für das eigene Denken und Tun anderen zuweist, macht sich abhängig und geht in die Opferfalle: Opfer fühlen sich machtlos ausgeliefert und nähren beharrlich die Vorstellung, dass sie selbst nichts an ihrer Lage tun können.

Natürlich gerät im Laufe des Lebens jeder hin und wieder in die Opferrolle: Ereignisse, auf die wir keinen Einfluss haben, stellen unsere Pläne oder sogar unser Leben auf den Kopf, wir müssen materielle oder ideelle Verluste verkraften. Da ist es nahe liegend, dass wir erst einmal klagen, hadern oder trauern. Resilient sein heißt aber, nach angemessener Zeit das Heft wieder in die Hand zu nehmen und sich auf die eigene Wirkkraft zu besinnen. Es heißt nüchtern die Realitäten festzustellen, Verantwortung für das eigene Handeln zu übernehmen und geeignete Veränderungen anzubahnen.

Selbstverantwortung bezieht sich nicht nur auf das, was wir tun, sondern genauso auf das, was wir lassen. Menschen, die lange wie selbstverständlich die Erwartungen anderer erfüllt haben, fällt es schwer, damit aufzuhören, selbst wenn sie an die Grenzen ihrer Belastbarkeit kommen. Ihre Befürchtung sich unbeliebt zu machen oder einen Konflikt heraufzubeschwören bremst sie darin, im richtigen Moment nein oder stopp zu sagen.

Gerade in engen Beziehungen verstricken sich die Beteiligten leicht in gegenseitigen Vorwürfen und Schuldzuweisungen, die negative Stimmung erzeugen und oft das eigentliche Anliegen vernebeln. In der Fixierung auf das, was beim anderen nicht stimmt und was der zuerst einmal ändern müsste, geht der eigene Beitrag an der Gesamtsituation völlig unter. Alle Beteiligten lehnen sich innerlich zurück und warten darauf, dass sich von anderer Seite etwas tut.

Gerade Menschen mit hohem Verantwortungsbewusstsein vergessen manchmal, dass sie vor allem verantwortlich für sich selbst sind. Sie kümmern sich um alles und jeden und nehmen anderen sogar die Dinge aus der Hand. Während sie alle anderen zu entlasten versuchen, überfordern sie sich häufig selbst. Meist ist ihnen nicht bewusst, dass sie andere damit dominieren und gleichzeitig schwach machen. Unterstützung ist gut, wenn sie nötig und gewollt ist. Hilfe zur Selbsthilfe entlässt den anderen dann aber so schnell und so weit wie möglich wieder in seine Selbstbestimmung und Selbstverantwortung.

Episode: Der Gewinn der Ent-täuschung

Sandras *Eltern haben ihren großen Garten als Spielplatz für die Kinder genutzt, aber auch Kräuter- und Gemüsebeete sowie Obststräucher für den eigenen Bedarf angebaut. Sandra und ihre beiden Brüder haben viel Zeit draußen verbracht beim Spielen und Faulenzen. Wenn sie für Gartenarbeiten eingespannt wurden, waren sie zwar nicht begeistert. Doch sie haben die Mahlzeiten mit frischem Obst und Gemüse immer sehr genossen. Selbst als sie alle drei schon ausgezogen waren, versorgten die Eltern sie noch mit „Care-Paketen" mit tief gefrorenen oder verarbeiteten Gartenfrüchten. Inzwischen sind die Eltern jedoch immer weniger in der Lage den großen Garten ihren Ansprüchen entsprechend in Schuss zu halten.*

Weil Sandra am nächsten wohnt und sich am meisten um die Eltern kümmert, erwarten diese vor allem von ihr und ihrer Familie tatkräftige Hilfe dabei. Sandra sieht sich dazu nicht in der Lage. Ihre eigene Familie und ihr Beruf fordern sie bis an den Rand. „Ihr müsst den Garten eben pflegeleicht umgestalten lassen – Rasen, Büsche, ein paar Blumen dazwischen," rät Marco. Und Holger meint: „Dazu wird es ohnehin kommen, wenn er erst mal genug verwildert ist." Sandra stimmt ihren Brüdern zwar zu, bringt sie es aber nicht übers Herz, ihre Eltern wiederholt damit zu konfrontieren.

Schließlich schränkt sie ihre regelmäßigen Besuche ein, um dem leidigen Thema aus dem Weg zu gehen. Sie klagt aber über die fehlende Einsicht ihrer Eltern. Und sie merkt, wie sie auch ihren Brüdern gegenüber ungehalten wird, die es sich ihrer Meinung nach zu einfach machen.

Kommentar:

Niemand ist verantwortlich für die Gefühle und oder die Verhaltensweisen anderer und die Konsequenzen, die daraus entstehen. Niemand muss die Erwartungen anderer erfüllen oder sogar übernehmen. Wofür wir verantwortlich sind, das sind unsere eigenen Gedanken, Gefühle und Reaktionen.

- Sandra selbst wird auch wehmütig bei dem Gedanken daran, den Garten ihrer Kindheit aufzugeben. Viele gute Erinnerungen hängen daran, und sie hat im wahrsten Sinne des Wortes so viel daraus mitgenommen.
- Es tut ihr leid, dass ihre Eltern Dinge aufgeben müssen, die ihnen viel bedeuten, weil ihre Kräfte nachlassen.
- Und es macht ihr zu schaffen, dem Thema Altern so hautnah ausgesetzt zu sein.

Wenn Sandra ihre eigenen Gefühle wahrnimmt und ernst nimmt, bleibt sie mit der Verantwortung bei sich selbst. Sie gewinnt Klarheit darüber, was sie selbst bereit ist zu tun, und wo ihre Grenzen liegen.

Dann kann sie sich ihren Eltern wieder ehrlich zuwenden, ihnen aufmerksam zuhören, was genau ihnen zu schaffen macht und ihr Mitgefühl zeigen. Statt den Eltern die Verantwortung für ihre Entscheidungen aus der Hand zu nehmen, kann sie ihnen verständnisvoll dabei zur Seite stehen, ihre eigene Lösung zu finden. Der Ärger auf Eltern und Brüder erübrigt sich, denn er ist letztlich ihrem eigenen Gefühlschaos entsprungen.

Reflexionsfragen:

Welche Situationen kennen Sie, in denen Sie sich mit ausgesprochenen oder unausgesprochenen Erwartungen anderer konfrontiert sehen, die Sie ärgerlich machen oder Ihnen zusetzen?

Bei welchen Menschen passiert das am leichtesten, bei Ihren Eltern, Ihren Kindern, Ihrem Partner, Ihren Vorgesetzten, Ihren Mitarbeitern, Ihren Kollegen, ...?

Welche Gefühle löst es bei Ihnen aus, wenn Sie versuchen, diese Erwartungen zu erfüllen, obwohl es gar nicht die Ihren sind?

Fällt es Ihnen schwer, zwischen den Erwartungen anderer und Ihren eigenen Vorstellungen zu unterscheiden?

Übungsvorschläge:

Gestehen Sie anderen das Recht zu, ihre Erwartungen und Wünsche zu äußern. Forschen Sie sogar aktiv danach. Es bringt Klarheit für alle Beteiligten.

Machen Sie sich bewusst, dass Sie diese keineswegs erfüllen müssen, und teilen Sie das den Betreffenden auch freundlich, aber bestimmt mit.

Zum Beispiel:

„Danke, dass Sie mich gefragt haben. Ich kann diese Woche aber leider nichts mehr übernehmen."

oder

„Gut, dass du mit mir gesprochen hast. Jetzt weiß ich, was du dir wünschst. Im Augenblick geht es von meiner Seite aus nicht, aber wenn ich eine Möglichkeit sehe, werde ich daran denken."

Episode: Was du nicht willst, das man dir tu...

Britta ist aus allen Wolken gefallen. Beim Frühstück hat ihr Mann Jens ihr beiläufig mitgeteilt, dass er sich von ihr trennen wird. „Du hast dich doch noch nie ernsthaft für mich interessiert. Dir sind doch alle anderen wichtiger", wirft er ihr vor. Drei Tage später zieht er zu Ute. Britta ist fassungslos. Und könnte Ute den Hals umdrehen.

Dabei hat sie selber schon öfter an Trennung gedacht. Niemals aber hätte sie damit gerechnet, dass Jens die Initiative ergreift. Und ausgerechnet wegen der blassen Ute! Die kann ihr doch nicht das Wasser reichen. Wegen seiner permanenten Rückenbeschwerden geht Jens zu ihr in die Physiotherapie. „Da wird sie eiskalt die Gelegenheit genutzt haben ihn anzumachen", heult Britta sich bei ihrer Mutter aus. „Du bist doch selber schuld", wirft die ihr vor. „Wärst du ein bisschen häuslicher, hätte Jens sich gar nicht woanders umgeguckt. Aber du hast ja immer Angst etwas zu verpassen."

Jens und Britta sind sehr unterschiedliche Charaktere. Britta ist sehr gern unter Menschen und kommt schnell in engen Kontakt mit denen, die ihr gefallen. Jens dagegen verbringt seine Zeit am liebsten allein, in Zweisamkeit oder mit ausgesuchten Freunden in kleiner Runde. Er hat seine Arbeitszeit reduziert, um mehr Zeit für seine Interessen zu haben.

Britta dagegen ist im Beruf sehr ehrgeizig. Selten macht sie pünktlich Feierabend. Und es zieht sie auch nicht gleich nach Hause. Wegen Jens verkneift sie es sich hin und wieder, mit anderen noch auszugehen oder etwas zu unternehmen, dafür hält sie sich bei Dienstreisen und Geschäftsessen schadlos.

Jetzt fühlt Britta sich gedemütigt, weil Jens ihr keine Chance mehr gibt, ihm doch noch entgegenzukommen.

Kommentar:

Ihr Umgang mit den Unterschieden in ihren Persönlichkeiten und Vorlieben stellt die Beziehung von Britta und Jens auf eine harte Probe:

- Beide halten jeweils die Eigenarten des anderen für die Ursache ihrer Konflikte.
- Weder suchen sie ernsthaft noch finden sie einen gemeinsamen Nenner und kommen einander nicht entgegen.
- Sie versuchen jeder für sich alleine zu kompensieren, was ihnen in ihrer Beziehung zu kurz zu kommen scheint.

Nicht selten trennen sich Paare aus den gleichen Gründen, aus denen sie sich gefunden haben. Sie richten ihre Aufmerksamkeit dann einseitig auf die Schattenseite der gleichen Eigenschaften, deren Sonnenseite sie einmal fasziniert hat. Die quirlige Britta war von Jens Zurückhaltung und Genügsamkeit angezogen, während er ihre Energie und Leichtigkeit genoss und ihr Talent bewunderte, andere für sich zu gewinnen.

Inzwischen haben beide den Eindruck, dass sie sich hinsichtlich ihres Lebensstils ständig arrangieren müssen ohne dafür Anerkennung oder Dank zu bekommen. Und so gibt jeder dem anderen die Schuld an der eigenen Unzufriedenheit. Aus gekränkter Eitelkeit, weil Jens sie verlassen will, macht Britta auch Ute zum Sündenbock. Die Frage, wer (mehr) schuld ist an der Beziehungskrise, führt nur tiefer in Frustration und Verbitterung.

Was beide vermissen, ist aufrichtiges Verständnis und Entgegenkommen. Wenn einer anfängt, den anderen wieder zu schätzen für seine Eigenarten und Vorlieben, haben sie eine Chance sich wieder aufeinander zu zubewegen. Gerade ihre Unterschiedlichkeit kann zu einer reichen und lebendigen Beziehung beitragen, wenn sie sie zu schätzen wissen und ihr Erleben miteinander teilen.

Reflexionsfragen:

Welche anhaltenden Konflikte fallen Ihnen ein, in denen Sie das Verhalten der anderen einfach nicht nachvollziehen können?

Mit welchen Ihnen nahestehenden Menschen geraten Sie immer wieder aneinander? Glauben Sie öfter genau zu wissen, woran es bei den anderen liegt, was diese ändern müssten, damit Sie gut miteinander auskämen?

Wenn Sie Menschen sehr schätzen: Auf welche ihrer Eigenschaften führen Sie das in erster Linie zurück? Welche Schattenseiten könnten genau diese Eigenschaften auch hervorbringen?

Wenn Menschen Sie aufregen, verärgern oder enttäuschen:
Auf welche ihrer Eigenschaften führen Sie das in erster Linie zurück?
Welche positiven Aspekte könnten genau diese Eigenschaften auch hervorbringen?

Bei (gegenseitigen) Schuldvorwürfen blenden wir ein Spektrum der Eigenschaften aus und fokussieren uns ganz auf das andere. Es liegt an Ihrer eigenen Wahrnehmung, welche Seite ein und desselben Phänomens Sie gerade im Vordergrund sehen.

Übungsvorschläge:

Wir können uns bei anderen Menschen nicht die subjektiv positiv bewerteten Eigenschaften als „Rosinen herauspicken". Wir bekommen immer den ganzen Menschen mit seinem ganzen Paket.

An der Entwicklung einer Beziehung wirken alle Beteiligten mit.

Sobald Sie sich in Konflikten in Schuldzuweisungen ergehen, tappen Sie in die Opferfalle. Prüfen Sie stattdessen, was Ihr eigener Beitrag ist und was daher in Ihrer Verantwortung liegt:

- Mit welchen Ihrer Eigenarten und Neigungen bereiten Sie dem anderen Schwierigkeiten?
- Wie könnten Sie die ihm gegenüber entschärfen?
- Welche Seiten des anderen lehnen Sie im Augenblick ab?
- Was hat ihnen daran einmal gefallen bzw. welchen Gefallen könnten Sie daran finden?

Um sich gemeinsam statt nur jeder für sich zu entwickeln, schälen Sie heraus, worin das besondere Potential Ihrer Unterschiedlichkeit bestehen könnte.

Wie auch immer Sie sich hinsichtlich der Zukunft Ihrer Beziehung entscheiden, würdigen Sie, was Sie füreinander waren beziehungsweise sind.

Episode: Und täglich grüßt das Murmeltier ...

Almuth erzieht seit fünf Jahren ihre 17jährige Tochter Silvana und ihren 12jährigen Sohn Daniel allein. In ihrem großen Wohnhaus nutzt sie die untere Etage als Arbeitsräume für ihre Beratungspraxis. Die kurzen Wege findet sie ideal.

Die meisten Beratungstermine legt Almuth morgens zwischen 9.00 und 13.00 Uhr oder abends zwischen 18.00 und 21.00 Uhr. Diese Arbeitszeiten ermöglichen ihr, in der Mittagspause für die Kinder zu kochen, den Hund auszuführen, Einkäufe und Besorgungen zu erledigen. Abends steht sie dann wieder ihren Klienten zur Verfügung.

Doch seit einiger Zeit wird ihr das alles zu viel. Sie fühlt sich überlastet und gerät immer wieder mit ihrer Tochter aneinander. Ihr wiederkehrender Vorwurf lautet: „Kannst du nicht einmal mithelfen, die Wohnung sauber zu machen oder wenigstens den Hund ausführen?" Silvana antwortet in der Regel eingeschnappt und pikiert: „Wieso immer ich? Ich habe auch viel zu tun! Ich habe keine Zeit!" Das bringt wieder Almuth auf die Palme. „Wenn du wenigstens was für die Schule machen würdest! Aber da lassen deine Leistungen ja auch zu wünschen übrig. Dann könntest du dich wenigstens hier einbringen." Danach läuten meist Türenschlagen und lautes Murren ein langes Schweigen ein. Daniel kann diese Stimmung ganz schlecht aushalten. Er springt dann schnell seiner Mutter bei, tröstet sie und führt den Hund aus.

Almuth plagt danach ein schlechtes Gewissen. Sie wirft sich vor, der Erziehung ihrer beiden Kinder alleine nicht gewachsen zu sein. Wie soll sie ihren Klienten gerecht werden, wenn sie selbst ihr Leben nicht auf die Reihe bekommt? Bevor sie an dieser Frage verzweifelt, geht sie selbst zu einem Coaching.

Kommentar:

Das Leben in einer Gemeinschaft erfordert klare und verbindliche Spielregeln. Sonst führen unterschiedliche Auffassungen von Rechten und Pflichten zu Missverständnissen, die sich zu Beziehungsstörungen entwickeln können. Das sogenannte Drama-Dreieck zeigt, in welchen Rollen sich die Beteiligten dann verstricken können:

- Almuth fühlt sich überfordert, greift daraufhin ihre Tochter an und macht ihr Vorwürfe (Täter-Rolle).
- Silvana fühlt sich ungerecht behandelt und verschanzt sich in ihrer ablehnenden Haltung. (Opfer-Rolle).
- Um die Situation zu entkrampfen, eilt Daniel seiner Mutter zu Hilfe (Retter-Rolle).
- Almuth fühlt sich anschließend ihren Schuldgefühlen ausgeliefert und weiß nicht, was sie machen soll. (Opfer-Rolle).

Aus ihrem Rollenverhalten heraus halten alle drei den Teufelskreis der gestörten Kommunikation aufrecht:

- Almuth wechselt zwischen Täter- und Opfer-Rolle hin und her ohne ihr eigentliches Problem (Überforderung) zu benennen.
- Silvana entzieht sich schmollend und sieht sich nicht zuständig für das Zusammenleben.
- Daniel flüchtet sich in seine „kleine" Helfer-Rolle, um gut Wetter zu machen.

Alle verschwenden ihre Energien, weil nicht geklärt wird, um was genau es ihnen jeweils wirklich geht. Erst wenn die eigentlichen Themen in den Mittelpunkt gestellt werden, können sie gemeinsam andere Lösungen entwickeln. Almuth als die Erwachsene kann die Verantwortung übernehmen, ihre Rollen aufzugeben und das Gespräch auf die Themen Überforderung und Beteiligung zu lenken.

Reflexionsfragen:

Besonders, wenn es um Konflikte und Missverständnisse geht, passiert es schnell, dass wir in eine oder auch mehrere dieser Rollen rutschen und das eigentliche Thema aus dem Blick verlieren.

Welche ist für Sie die größte Falle?

- Verhalten Sie sich vorwurfsvoll, aggressiv, drohend oder laut und dominant (Täter)?
- Mischen Sie sich ungefragt helfend ein, erteilen Ratschläge und erwarten Dankbarkeit (Retter)?
- Oder jammern und klagen Sie eher, geben andere die Schuld und zeigen sich selbst machtlos (Opfer)?

Was ist dabei jeweils Ihre unbewusste Absicht?
Was gewinnen Sie für sich?
Was erreichen Sie damit <u>nicht</u>?

Übungsvorschläge:

Egal in welche Rolle Sie sich verrannt haben – sobald Sie dessen gewahr werden, steigen Sie aus und fragen Sie sich und alle Beteiligten: „Um was geht es hier?" (statt um wen)

In Almuths Fall könnte das so klingen:
„Liebe Silvana, lieber Daniel, mir wird die Arbeit in letzter Zeit oft zu viel. Und mir ist wichtig, dass wir alle etwas zu unserem täglichen Miteinander beitragen. Wie seht ihr das? Worauf kommt es euch an?
Vielleicht habt ihr auch Ideen, wie wir das eine oder andere im Haushalt vereinfachen können. Lasst uns in Ruhe darüber reden, wie wir die Arbeit so aufteilen können, dass keiner überlastet ist und wir alle auch noch Zeit für uns haben.
"

Zu jeder dieser neurotischen Rollen gibt es ein konstruktives Pendant.

Wenn Sie zur Täter-Rolle neigen:
Zeigen Sie eine klare Position, treffen Sie verantwortliche Entscheidungen und setzen Sie Handlungen in Gang (Macher).

Wenn Sie zur Retter-Rolle neigen:
Unterstützen Sie andere Menschen auf deren Wunsch hin, stellen Sie sich für bestimmte Bitten zur Verfügung (Mentor).

Wenn Sie zur Opfer-Rolle neigen:
Gestalten Sie Ihr Leben selbstverantwortlich, inspirieren Sie andere und machen Sie von Herzen mit (Muse).

Episode: Zu viel des Guten

Katharina ist seit 4 Jahren im Unternehmen ihres Onkels Bernd als Assistentin der Abteilung Öffentlichkeitsarbeit und Kundenakquise beschäftigt. Nach einem Start mit viel Elan und guten Ideen und einer sechsmonatigen Einarbeitungszeit zeigen sich ihre ersten Erfolge. Die Kunden äußern sich über ihre freundliche, zugewandte Art überwiegend positiv und nehmen sie als Ansprechpartnerin im Unternehmen ernst.

Daraufhin überträgt Bernd ihr zusätzliche Aufgaben und mehr Verantwortung im Bereich der Personalführung. Die sieben Mitarbeiter, die ihr nun zugeteilt sind, freuen sich über die neue Chefin. Ihre Begeisterung lässt sie schnell in einen engen und vertrauten Kontakt mit ihr gehen. Katharina kümmert sich intensiv um ihre Mitarbeiter, berät sie gern und ausführlich und hat stets ein offenes Ohr für ihre Anliegen. Sie fühlt sich bestätigt, wenn alle zufrieden sind und ihre Arbeit auch bei den anspruchsvolleren Kunden auf positive Resonanz stößt.

Nur die Mitarbeiterin Rita fängt an zu nörgeln und fordert noch mehr Aufmerksamkeit. Sie wiegelt andere Kolleginnen auf. Eines Tages trägt sie Katharina eine ganze Liste von Wünschen und Kritikpunkten vor. Die ist sprachlos, denn schließlich sorgt sie doch nach Kräften für alle. Bei ihrem Onkel stöhnt sie: „Was soll ich denn noch alles tun? Rita ist mit nichts zufrieden. Die nervt mich allmählich!" Sie geht Rita immer mehr aus dem Weg und beklagt sich bei Bernd über deren fehlende Selbstständigkeit.

Da alle ihre Bemühungen nichts fruchten und so wenig geschätzt werden, wird Katharina zusehends ungehalten. Sie denkt auch über mögliche Sanktionen nach. Schließlich fordert sie ihren Onkel auf: „Mir reicht es jetzt! Du musst etwas unternehmen!"

Kommentar:

Führungspersonen sind verantwortlich für den Auftrag, den sie von ihrem Chef erhalten. Ergebnisse sind wie vereinbart mit einer bestimmten Qualität zu erbringen. Daneben gibt es beziehungsorientierte Aufgaben, bei denen sich nicht so klar und eindeutig festlegen lässt, wie sie zu erledigen sind und wann sie erfüllt sind. Sie stellen die persönlichen und sozialen Fähigkeiten der Führungskraft auf die Probe.

- Ihre ersten Sachaufgaben bringen Katharina schnell Erfolg, den sie in der Personalführung wiederholen will.
- Es schmeichelt ihr, dass ihr Onkel ihr diese Verantwortung zutraut, und nun möchte sie alles optimal erfüllen.
- Durch intensive Betreuung und emotionale Zuwendung glaubt Katharina alle Mitarbeiter gewinnen und zufrieden stellen zu können.
- Sie verliert ihre eigenen Ziele und Bedürfnisse aus den Augen und gerät in eine Sackgasse aus Enttäuschung und Ratlosigkeit.

Katharina übernimmt so viel Verantwortung für die Mitarbeiter, dass sie über ihre eigenen Grenzen geht. Am Ende fühlt sie sich selbst emotional ausgebeutet und ist enttäuscht, dass sie nicht die erhoffte Bestätigung und Wertschätzung zurückbekommt.

Ihre grenzenlose Zuwendung und Versorgung lassen bei manchen Mitarbeitern immer neue Forderungen entstehen. Werden ihre Vorstellungen dann nicht erfüllt, hagelt es Kritik. Gleichzeitig sinken die Bereitschaft und die Fähigkeit zum selbstverantwortlichen Handeln. Statt den Onkel zu bitten es zu richten, würde Katharina besser Verantwortung für sich selbst übernehmen und der Anspruchshaltung der Mitarbeiter klare Grenzen setzen.

Reflexionsfragen:

Bei welchen Aufgaben und gegenüber welchen Personen neigen Sie dazu, übermäßig viel Verantwortung zu übernehmen?
Was erreichen Sie damit?

- Woran merken Sie, dass es zu viel war / ist?
- An der Reaktion der anderen?
- An Ihrer eigenen Reaktion?
- Ist es Ärger, Enttäuschung, Empfindlichkeit, ... ?

Was veranlasst Sie dazu, zu wenig Verantwortung für sich selbst zu übernehmen?
- die Befürchtung, nicht mehr geliebt zu werden?
- die Bedenken, für egoistisch gehalten zu werden?
- die Sorge, andere zu enttäuschen?
- ... ?

Machen Sie von der Reaktion anderer abhängig, wie Sie denken, fühlen, handeln?
Welche Konsequenzen hat das für Sie persönlich?

Was würde sich ändern, wenn Sie damit aufhören?

Übungsvorschläge:

Ob als Führungskraft, als Erziehende oder als Mitmensch: Es ist eine wertvolle Fähigkeit, auf andere einzugehen und sich um sie zu kümmern. Doch es ist genau so wichtig, Über-Verantwortung der jeweiligen Situation entsprechend zurückzunehmen. Es schützt Sie vor Überlastung und stärkt die Selbstverantwortung und das Selbstwertgefühl der anderen.

Entwickeln Sie das Vertrauen in die anderen, dass sie ihre Aufgaben und Probleme selbst bewältigen können.

Akzeptieren Sie deren Lösungen so weit wie möglich, auch wenn das Ergebnis nicht genau Ihren Vorstellungen entspricht.

Wenn Sie unbedingt mitmischen wollen: Bieten Sie an, dass Sie zur Beratung oder Anleitung zur Verfügung stehen, doch überlassen Sie es den anderen, ob und wann sie dieses Angebot in Anspruch nehmen.

Überprüfen Sie verschiedene Alltagssituationen darauf, worin genau hier Ihre Verantwortung für sich selbst besteht:
- für Ihre Gedanken und Gefühle
- für Ihr Tun und Lassen
- für Ihr Engagement und Ihre Grenzen

Nehmen Sie diese Verantwortung an und widerstehen Sie der Versuchung, sie anderen zuzuschieben.

BEZIEHUNGEN GESTALTEN

Geglückte Beziehungen erweitern ein ausgefülltes Leben zu einem erfüllten. (Ernst Ferstl)

Verbundenheit mit anderen Menschen schenkt die Kraft und die Zuversicht auch schwere Zeiten zu überstehen. Für die Bewältigung von Krisen und Leidenssituationen spielt es eine große Rolle, Menschen zu haben, die Verständnis aufbringen, die trösten können und Beistand leisten.

Solche Beziehungen wollen aufgebaut und gepflegt werden. Unsere Empathie und soziale Kompetenz sind gefragt, Kontakte zu knüpfen und mit anderen Menschen Beziehung aufzunehmen und Freundschaft zu schließen. Ehrliche Kontakte, die getragen sind von gegenseitigem Respekt, Wertschätzung und Gleichwürdigkeit, erzeugen Synergie-Effekte und stärken unsere Resilienz. Beziehungsfähigkeit ist eine Kernkompetenz, die bedeutsam ist für die private Zufriedenheit wie auch das Bestehen in der Gesellschaft.

Daher sind Netzwerke unterschiedlicher Natur – vom familiären Kreis über soziale Gruppierungen bis hin zu übergreifenden Verbänden - ein stabilisierender Faktor in den Wogen des Lebens. Sie vermitteln Zugehörigkeit und das Vertrauen, aufgehoben zu sein und nicht alleine dazustehen.

Doch manchmal saugen einzelne Beziehungen oder Netzwerke auch wesentlich mehr Energie ab als sie langfristig zu geben vermögen. Es ist ein Teil der emotionalen Intelligenz zu lernen, welche Beziehungen Halt und Stütze geben und welche uns eher ausnutzen oder sogar unser positives Selbstbild untergraben.

Manche Menschen verlieren sich in der Sehnsucht nach der idealen Beziehung, in der man sich ganz und gar angenommen fühlt und in der es keine Zurückweisung und keine Konflikte gibt. Darüber vernachlässigen sie andere nahe liegende Beziehungen, die durchaus möglich und entwicklungsfähig wären. Andere nehmen unterstützende Beziehungen so selbstverständlich, dass sie ihnen nicht ausreichend Wertschätzung entgegenbringen.

Statistisch gesehen haben Singles zwar schlechtere Karten, was Zufriedenheit und Lebensglück angeht. Doch viele kompensieren die fehlenden Partner durch besonders intensive Freundschaften, Bindungen an andere Familienmitglieder oder nutzen dankbar die Möglichkeit, intensiv in bestimmten Interessen aufzugehen. Indem sie sich mehr um Gesellschaft bemühen müssen, treffen sie ihre Wahl oft sorgfältiger und empfinden gemeinsame Zeiten als kostbarer.

Andere Menschen dagegen gehen so in ihrem reichen Beziehungsnetz auf, dass sie damit überfordert sind, ihre persönlichen Wünsche und Vorstellungen deutlich zu machen und ihre eigenen Grenzen zu setzen. Sie erwarten, dass die anderen stillschweigend merken und ihnen verschaffen, was sie brauchen.

Berufliche, soziale und familiäre Beziehungen erfüllen unterschiedliche Funktionen. Werden sie vermischt, müssen die Beteiligten sehr klar in ihrer jeweiligen Rolle sein. Manchmal werden Beziehungen auch von Erwartungen überfrachtet. Wer nicht unterscheiden kann, was eine Beziehung leisten kann und was nicht, wird früher oder später enttäuscht und frustriert sein.

Episode: Liebenswerte Augenblicke

Alexandra brütet über den Einladungen zu ihrem 40. Geburtstag. Zu ihrer Familie pflegt sie herzliche Kontakte und sie hat einiges dafür getan, einen ansehnlichen Freundeskreis aufzubauen. Alle werden in ihrer sehr geschmackvoll eingerichteten Eigentumswohnung im Stadtzentrum nicht gleichzeitig Platz finden.

Alles in Alexandras Leben scheint in trockenen Tüchern zu sein. In der Stadtverwaltung hat sie ihre berufliche Kompetenz in verschiedenen Aufgabengebieten und Projekten unter Beweis stellen können. Vor drei Jahren hat sie sich erfolgreich auf ihre Traumstelle als Standesbeamtin beworben. Doch jedes Mal, wenn sie ein Paar getraut hat, wird ihr schmerzlich bewusst, dass ihr das versagt geblieben ist. Manchmal reagiert sie darauf mit Melancholie, manchmal aber auch mit sarkastischen Bemerkungen gegenüber Kollegen oder Bekannten.

Es gab immer mal Beziehungen zu Partnern, aber zu einer länger dauernden Verbindung ist es nie gekommen. Ihre Freunde können sich nicht wirklich erklären, wieso sie keinen Partner finden kann. Alexandra selbst schwankt zwischen der Sehnsucht nach Geborgenheit und einem großen Willen zur Unabhängigkeit. Die meisten Männer in ihrem Freundeskreis könnte sie sich als Partner nicht vorstellen und auch an den Partnern ihrer Freundinnen hat sie einiges auszusetzen.

Dass sie von Verwandten und Kollegen immer wieder mehr oder weniger dezent auf ihr anscheinend unfreiwilliges Single-Dasein angesprochen wird, macht die Sache keineswegs leichter. Alexandras latente Unzufriedenheit wächst sich immer häufiger zu Kritiksucht und aggressiver Stimmung aus. Es wird zunehmend schwer, es längere Zeit mit ihr auszuhalten.

Kommentar:

Sich mit Menschen in unterschiedlichen Kreisen verbunden zu fühlen gehört zu den wirksamen Stützsystemen in schwierigen Zeiten. Vertrauensvolle Beziehungen zu haben gibt uns das Gefühl nicht allein auf der Welt zu sein. Doch häufig schätzen wir die Beziehungen, die wir haben oder haben könnten, nicht genug, weil wir uns nach etwas anderem sehnen.

- Alexandra hat sich beruflich so gut etabliert und sich ein sicheres existentielles Polster geschaffen, dass sie in der Lage ist, ein Leben nach ihren Vorstellungen zu führen.
- Der Wunsch nach einem Partner gehört zu den Dingen, die ihr, zumindest bisher, versagt geblieben sind.
- Das Nahen des 40. Geburtstages bringt sie dazu, Bilanz zu ziehen und ihr bisheriges Leben noch einmal gründlich zu überdenken.

Wenn Alexandra sich eingesteht, dass sie sich häufig einsam fühlt und sich nach jemandem sehnt, für den sie der wichtigste Bezugspunkt auf Erden ist, dann kann sie auch die damit verbunden Gefühle zulassen: Zorn, Enttäuschung, Trauer.

Doch dieser wunde Punkt ist bei weitem nicht die einzige Beziehungsqualität in ihrem Leben. Weil sie sich aber einseitig darauf konzentriert, läuft sie Gefahr, Menschen zu vernachlässigen oder zurückzustoßen, die ihr viel zu geben haben. Das wirkt sich nicht nur auf ihre Ausstrahlung und auf ihren Umgang mit anderen aus. Es macht auch die Aussicht, eine zufriedenstellende Partnerschaft gestalten zu können immer unwahrscheinlicher.

Reflexionsfragen:

Welche Ihnen wohl gesinnte Menschen in Ihrem näheren o-
der weiteren Umfeld haben Sie schon einmal ignoriert, übergangen oder verletzt, weil Sie Ihre ganze Aufmerksamkeit auf
eine andere Beziehung gerichtet haben, die sich aber nicht erfüllt hat oder nicht erwidert wurde?

Wo reagieren Sie ärgerlich, genervt oder ungeduldig Menschen gegenüber, die Ihnen keinen Anlass dazu gegeben haben?

Wie zeigen Sie wichtigen Menschen in Ihrer Umgebung Ihre
Wertschätzung und Dankbarkeit?

An welche Beziehungen denken Sie mit Dankbarkeit zurück,
auch wenn sie inzwischen beendet sind, und welche hoff-
nungsfrohe Erwartung ergibt sich daraus für die Zukunft?

Übungsvorschläge:

Respektvolle Beziehungen sind keine Einbahnstraße. Werden Sie aufmerksam dafür, wo Sie Menschen in Ihrem Verhalten be- oder verurteilen. Beobachten Sie lieber, was dieses Verhalten bei Ihnen auslöst und beschäftigen Sie sich <u>damit</u>.

Schenken Sie für eine bestimmte Zeit einem Menschen Ihre Aufmerksamkeit, der Ihnen bisher nicht interessant genug erschien. Finden Sie seine guten Eigenschaften heraus, denken Sie warm und freundlich an ihn. Lassen Sie sich überraschen, was sich für Sie verändert.

Für „Fortgeschrittene": Tun Sie dasselbe mit einem Menschen, auf den Sie bisher irritiert, genervt oder verächtlich reagieren.

Seien Sie dankbar, wo immer Ihnen Freundlichkeit und Wärme entgegengebracht wird, auch wenn Sie es sich gerade von jemand anderem gewünscht haben.

Episode: Ehrlich währt am längsten

*Seit **Kathrin** vor zehn Jahren mit Benno und ihren drei kleinen Kindern nach Brandenburg gezogen ist, lädt sie über die Weihnachtstage immer die ganze Familie ein: ihre Eltern und ihren Bruder samt wechselnder Begleitung und seit drei Jahren noch ihre verwitwete Schwiegermutter.*

Kathrin gibt sich viel Mühe, alles stimmungsvoll zu gestalten und allen gerecht zu werden. Sie genießt das Zusammensein und ist auch stolz, dass sich alle bei ihnen so wohl fühlen. Für ihre Kinder, die mittlerweile ich einem schwierigen Alter sind, hat sie dann allerdings kaum Zeit. Sie ist Benno dankbar, dass er sich um sie kümmert. Von den Buchgeschenken zu Weihnachten hat die begeisterte Leseratte an Neujahr noch nicht eines in Ruhe in der Hand gehabt. Denn kaum sind die Feiertage überstanden, geht der Silvestertrubel los. Alte Freunde haben es sich zur Gewohnheit gemacht, mit ihren beiden Kindern den Jahreswechsel bei Kathrin und Benno zu begehen. Sie haben viel Platz und es ist immer so ungezwungen bei ihnen.

In diesem Jahr kommt Kathrin in ihrem Beruf als Krankenschwester nicht darum herum, zwei Nachtschichten zu übernehmen. Sie schämt sich fast, dass sie ganz froh ist, dem Trubel zu Hause für einige Stunden zu entkommen. Als die Freunde sie in bester Absicht mit einem opulenten Frühstück erwarten, fühlt Kathrin sich überfordert, macht aber gute Miene und setzt sich dazu. Dabei möchte sie einfach nur ins Bett sinken.

Zudem hat sie ein schlechtes Gewissen, weil Benno sich alleine um die Gäste kümmern muss und die Kinder sich von ihrer besten Seite zeigen sollen. Als sie sich schließlich hinlegt, kann sie nicht aufhören zu weinen, obwohl sie doch schlafen müsste.

Kommentar:

Kathrin ist ein Familienmensch: sie blüht auf, wenn die Familie oder gute Freunde gut versorgt um ihren Tisch sitzen. Was ihr daran nicht gut tut, ist ihre Grenzenlosigkeit. Sie schätzt ihre Kräfte nicht realistisch ein - am Ende ist nicht nur sie selbst, sondern auch Benno und sogar ihre Kinder eingebunden in Verpflichtungen und (vermeintliche?) Erwartungen.

- Kathrin geht davon aus, dass sie als Gastgeberin voll und ganz für das Wohlergehen der anderen zuständig ist.
- Eine Pause für sich gönnt sie sich nur, wenn äußere Umstände wie der Nachtdienst es nicht anders zulassen.
- Sie lässt sich nicht anmerken, wenn sie erschöpft ist, keine Lust hat oder lieber etwas anderes machen möchte.

Weil die anderen nicht von sich aus zu merken scheinen, was Kathrin selber braucht, spielt sie ihnen etwas vor. Im Lauf der Zeit entwickelt sie Aggressionen gegen den Besuch, die sie aber unterdrückt und nicht als Zeichen erkennt, dass sie sich selbst überfordert.

Auf diese Weise beeinträchtigt und gefährdet sie selbst die Beziehungen, die ihr so wichtig sind. Gleichwürdige Beziehungen zu pflegen bedeutet, sich so zu zeigen, wie man ist und dem anderen die Chance zu geben, einen so wahrzunehmen und zu mögen.

Vielleicht käme Kathrin ihrer Familie und ihren Freunden sogar näher, wenn sie ihnen das gibt, wozu sie aus freien Stücken bereit ist, und die ihr dafür nichts schuldig bleiben. Ein offenes Wort um die „Besuchszeit" zu begrenzen und die Verteilung der Lasten auf alle Schultern würde das Zusammensein entspannter, fröhlicher und ehrlicher machen.

Reflexionsfragen:

Wo gehen Sie über Ihre Grenzen? Wo tun Sie anderen einen Gefallen, erfüllen einen Wunsch, kommen einer Bitte nach, entsprechen Erwartungen, ohne dass sie es wirklich wollen?

Was bringt sie dazu? Was befürchten Sie, wenn Sie das nicht tun?

Was wünschen Sie selbst von einer reifen erwachsenen Beziehung? Wie soll der andere Ihnen begegnen, wie auf Ihre Wünsche und Bedürfnisse reagieren?

Erinnern Sie sich an Momente, wo Sie Menschen ganz nahe waren, wo alles in Ordnung war zwischen Ihnen - was war da gegeben?

Übungsvorschläge:

Wenn Sie das Gefühl haben, Sie tun etwas, weil Sie glauben, dass andere das von Ihnen erwarten, woher kommt diese Vermutung?

Prüfen Sie, ob Ihre Einschätzung stimmt. Fragen Sie, was genau der / die andere erwartet.

Wägen Sie dann ab, ob Sie diese Erwartung erfüllen möchten oder nicht.

Wenn Ja, dann prüfen Sie, ob Sie grundsätzlich in der Lage dazu sind.

Wenn ja, prüfen Sie, wer oder was Ihnen das erleichtern könnte. Lassen Sie das zu oder bitten Sie darum.

Lassen Sie sich überraschen, was sich in Ihren Beziehungen positiv verändert, wenn Sie nicht vorschnell Versprechungen machen oder Verpflichtungen übernehmen, sondern nach reiflicher Überlegung geben, was Sie zu geben haben ohne eine Gegenleistung zu erwarten.

Episode: Glück im Job, Pech in der Liebe

Kurt hat sich im Lauf der Jahre durch viel Arbeit, geschickte Gehaltsverhandlungen und eine glückliche Hand bei Geldanlagen ein materielles Polster geschaffen, das sich sehen lassen kann. Eine geräumige Eigentumswohnung im besten Viertel, eine Finca auf Mallorca, sein geliebter Sportwagen und der Logenplatz in der Fußballarena sind sein ganzer Stolz.

In der Liebe hatte er bisher weniger Glück. Jetzt mit Ende vierzig möchte er endlich eine wunderbare Frau kennen lernen, mit der er das Leben gemeinsam genießen kann. Eigene Kinder zu haben wäre für ihn mittlerweile die größte Erfüllung. Aber noch hat sich keine passende Partnerin gefunden. Seine bisherigen Bekanntschaften haben seine Gefühle nicht wirklich angesprochen.

Im Umgang mit Frauen ist Kurt nicht sehr geschickt. Über alltägliche Themen reden, Komplimente machen, zwanglos flirten, Gefühle ausdrücken, all das fällt ihm schwer. Über den Beruf lernt er immer mal wieder eine Frau kennen, die sich mit ihm treffen will. Auch ist er Mitglied zweier Partneragenturen im Internet. Doch bei vielen hat er das Gefühl, dass sie nicht an ihm interessiert sind, sondern auf ein bequemes Leben im Wohlstand aus sind. Die Frauen, an denen er Gefallen finden könnte, ziehen sich nach wenigen Treffen mit vagen Ausreden zurück.

Die mehr oder weniger versteckten Ablehnungen stürzen ihn in Selbstzweifel. Innere Unruhe, Ängste und das Gefühl von Sinnlosigkeit machen sich breit. Wofür hat er sich eigentlich all die Jahre abgerackert? Was nutzen ihm seine ganzen Besitztümer, wenn niemand da ist, mit dem er es teilen kann? In seiner Einsamkeit tröstet er sich mit Luxuspralinen und dem besten Cognac.

Kommentar:

Beruflicher Erfolg verbunden mit Wohlstand und eine Reihe von Statussymbolen scheint vielen Menschen als ein Weg zu Glück und Zufriedenheit erstrebenswert. Doch diese Errungenschaften kompensieren in aller Regel nicht die beruhigende und tröstliche Wirkung von zwischenmenschlichen Kontakten und einem wohltuenden Zugehörigkeitsgefühl.

- Kurt hat die Werte Erfolg, Selbstständigkeit, Durchsetzungsfähigkeit, Wohlstand sehr zielstrebig verfolgt und auf hohem Niveau erreicht.
- Die Fähigkeit, sich auf andere Menschen einzulassen, seine Gefühle wahrzunehmen und auszudrücken hat er dagegen wenig geübt und ausgeprägt.
- Die Misserfolgserlebnisse auf diesem unbekannten Terrain verunsichern und frustrieren ihn und lösen Zweifel und Ängste aus.

Innere Unzufriedenheit und Unruhe sind wie körperliches Unwohlsein oft ein Signal, die Hierarchie der eigenen Werte zu überprüfen und zu korrigieren. Diese Prioritäten verschieben sich im Lauf des Lebens. Kurt ist jetzt an dem Punkt, für seine emotionale Reife und seine Lebensbalance persönliche Beziehungen und Partnerschaft in den Vordergrund zu rücken.

Um diese Werte zu verwirklichen, muss Kurt entschlossen und beharrlich genug sein, neue Verhaltensweisen auszuprobieren und sich durch erste Misserfolge nicht entmutigen zu lassen. Wenn er seine Zweifel überwindet und sich auf diesen Lernprozess einlässt, werden mit erfüllten Beziehungen seine bisherigen Leistungen und Errungenschaften bereichert, aufgewertet und abgerundet.

Reflexionsfragen:

Kennen Sie Lebensphasen, in denen Sie sich einsam gefühlt haben?
(Das kann auch der Fall sein, obwohl Sie Menschen um sich herum haben).

Was hat Ihnen da am meisten gefehlt:
- Lebenspartner
- Eigene Kinder
- Familie
- Enge Freunde
- Eine Gruppe / Clique
- Kollegen
- Mitstreiter
- ?

Was können Sie tun, um das (wieder) zu gewinnen?
Was brauchen Sie dazu?

Welchen Gemeinschaften gehören Sie an?
Wer oder was gibt Ihnen Geborgenheit?

Wie und bei welchen Gelegenheiten lernen Sie neue Menschen kennen?
Was tragen Sie dazu bei?

Übungsvorschläge:

Menschen mit intakten vertrauenswürdigen Beziehungen werden seltener krank, erholen sich schneller und können Stress besser bewältigen.

Machen Sie sich bewusst, was Ihre Talente beim Aufbau und der Pflege von Beziehungen sind. Setzen Sie Ihre Talente ein, um die Beziehungsnetze in Ihrem Umfeld zu bereichern. Diese Energie wird auch wieder zu Ihnen zurückfließen.

Welche Fähigkeiten und Verhaltensweisen könnten Sie noch erwerben oder verstärken, um Ihre sozialen Beziehungen zu vertiefen:

- Unbekannte Menschen ansprechen
- Spontan jemanden einladen
- Alte Verbindungen wieder neu knüpfen
- Alleine einer Gruppe oder einem Verein beitreten
- Sich in einer Initiative engagieren
- ?

Fassen Sie sich ein Herz. Sie können nur dazulernen.

Ein bewährtes Mittel gegen Einsamkeit:
Lernen Sie, mit sich selbst in guter Beziehung zu sein. Seien Sie sich selbst gegenüber aufmerksam und fürsorglich. Reden Sie sich gut zu. Lernen Sie sich zu lieben.

Episode: Chefin, Mentorin, Kollegin und Freundin?

Gundula betreut seit 15 Jahren im Seminar- und Beratungsgeschäft viele Kunden und Klienten mit hoher Kompetenz und großem Erfolg. In der Businesswelt zeigt sie sich als professionelle Expertin und souveräne Frau, die mitten im Leben steht. Ihre Bildungsagentur läuft seit Jahren sehr gut. Sieben Trainer hat sie unter Vertrag, die mit ihr den Kunden ausgezeichneten Service bieten.

Die Trainerin Reinhild ist von Anfang an dabei und ihre engste Vertraute und Beraterin. Auch in ihrer Freizeit unternehmen sie viel zusammen. Gemeinsame Urlaubsreisen vertiefen die freundschaftliche Beziehung. Gundula sieht in Reinhild eine Freundin, mit der sie Kummer und Freude teilen kann.

Doch eines Tages macht Reinhild ihr aus heiterem Himmel am Telefon heftige Vorwürfe hinsichtlich Ihres Arbeitsstils: „Die Liste der Teilnehmer fehlt. Wie kannst du mir zumuten, einen Kurs zu beginnen ohne Namensliste! Ich wusste schon immer, auf dich ist kein Verlass." Gundula ist wie vor den Kopf gestoßen. Beim letzten Treffen vor einigen Tagen schien doch noch alles in Ordnung zu sein zwischen ihnen. Und jetzt wegen einer Kleinigkeit so ein Aufstand. „Du wirst dir ja wohl noch die Namen besorgen können. Ich kann im Moment nicht zaubern." gibt sie aggressiv zurück. „Das ist ja wohl die Höhe!" schimpft Reinhild. „Das war das letzte Mal, dass ich für dich ein Seminar mache!" und hängt den Hörer auf.

Gundula ist aufgebracht und fassungslos. Die Enttäuschung, dass ihre Freundin so mit ihr umgeht und sie wegen einer Bagatelle fallen lässt, macht sie fertig. Einerseits leidet sie darunter, eine Vertraute verloren zu haben, andererseits ist sie wütend, weil sie den wahren Grund für Reinhilds Benehmen nur vermuten kann.

Kommentar:

Private und berufliche Beziehungen zu vermischen kann unter Umständen zu einseitigen oder gegenseitigen Erwartungen führen, die nicht besprochen und geklärt sind. So kann die Beziehung von einer Person auf einer vertraulichen und freundschaftlichen Ebene angesiedelt werden, während die andere sie eher als nützlichen Berufskontakt versteht.

- Gundula geht stillschweigend davon aus, dass die zu Anfang partnerschaftliche Beraterin in beruflichen Belangen zu einer persönlichen Freundin geworden ist, der sie viel Insiderwissen und auch vertrauliche private Dinge preisgibt.
- Reinhild ist froh über den Vertrauensvorschuss. Gundulas Offenheit bietet ihr eine Chance, viel für ihre weitere berufliche Entwicklung zu lernen.
- Reinhild hat sich von der zurückhaltenden Anfängerin zur selbstbewussten Trainerin entwickelt. Das hat einen nicht zu unterschätzenden Einfluss auf das Beziehungsgefüge.

Um sich aus den vertraglichen Bindungen zu lösen, geht Reinhild den Weg der Konfrontation. Gundula versteht die Welt nicht mehr, da sie glaubte eine Freundin zu haben. Sie kommt nicht weiter, wenn sie sich nur über Reinhilds unfaires Verhalten aufregt. Sie selbst hat sich auch gut gefühlt, wenn sie aus der Position der erfahrenen Reinhild auf die Sprünge helfen konnte

Gundula muss für sich selber schauen, welche Erwartungen und Sehnsüchte dazu geführt haben, dass sie die Beziehung zu Reinhild von ihrer Seite aus immer privater hat werden lassen. Und wie sie es geschafft hat, das Thema Konkurrenz zwischen ihnen immer wieder unter den Tisch zu kehren.

Reflexionsfragen:

Welchen Unterschied machen Sie zwischen Freunden, Kollegen und Bekannten?

Wie viele Ihrer Freunde entstammen dem Kreis Ihrer Kollegen, Kunden, Kooperationspartner?

- Wie unterscheidet sich Ihr Umgangsstil im Job von dem im privaten Rahmen?
- Überschattet ein Konflikt im beruflichen Bereich auch die persönliche Beziehung?
- Beeinträchtigen private Differenzen die professionelle Zusammenarbeit?

Wie gestalten Sie eine konstruktive und professionelle Beziehungs- und Zusammenarbeit mit Menschen, die nicht auf Ihrer persönlichen Wellenlänge liegen?

Wie stellen Sie fest, wenn sich eine Beziehung verändert? Wie reagieren Sie dann?

Übungsvorschläge:

Manchmal entwickeln sich aus beruflichen Kontakten im Lauf der Zeit private Verbindungen. Und bisweilen treffen Freunde, Lebenspartner oder Familienangehörige am Arbeitsplatz zusammen. Das verlangt von den Beteiligten die Bereitschaft,

- zu trennen zwischen beruflichen und privaten Themen und Interessen
- sich selbst gut zu steuern, um nicht aus der Rolle zu fallen
- sensibel zu sein für Unterschiede in Auftreten und Verhalten des anderen

Die Fähigkeiten dazu können Sie trainieren, indem Sie Ihre Wahrnehmung schärfen und immer wieder ein Feedback der Beteiligten abgleichen mit Ihrem eigenen Eindruck.

Lassen Sie nicht nur zu, dass man Sie korrigiert, wenn Sie die Grenzen verwischen, bitten Sie sogar darum.

Diese Offenheit dient der Klarheit und damit der Qualität und Lebensdauer der Beziehungen.

Machen Sie von Zeit zu Zeit Inventur und ziehen Sie nüchtern Bilanz, welche Menschen Ihnen persönlich wirklich nahestehen und vertrauenswürdig sind. Halten Sie die anderen auf Abstand.

(Menschen, Beziehungen und Situationen können sich ändern. Und wer eine gute Freundin war oder ist, muss noch lange nicht die engste Vertraute für alle Zeiten sein.)

ZUKUNFT GESTALTEN

Die gleiche Zeit, die es dauert, über die Vergangenheit zu trauern, hat man zur Verfügung, um die Zukunft zu gestalten.
(Indisches Sprichwort)

Alles, was wir heute tun oder lassen, hat Einfluss auf unsere Zukunft. Wer sich über seine Ziele klar wird und sie verfolgt, gestaltet bewusst seine Zukunft. Sich immer wieder vor seinem inneren Auge auszumalen, was und wie es werden soll, schafft magnetische Anziehungspunkte für das gegenwärtige Handeln.

Die Erkenntnis „Es geht immer auch anders." öffnet eine Fülle von Möglichkeiten für eine selbstbestimmte Zukunftsgestaltung. Es gilt von Zeit zu Zeit kritisch zu überprüfen, was dem eigenen Leben Sinn gibt und es bereichert und was nicht (mehr) zu den persönlichen Zielen und Werten passt.

Wenn Weichen neu gestellt werden sollen, ist es sehr motivierend, wenn sofort wenigstens eine Kleinigkeit anders gemacht, gedacht oder gefühlt wird. Damit ist schon ein erster kleiner Schritt in die erwünschte Richtung getan. Eine gute Kombination von langfristig attraktiver Zielsetzung und kurzfristig spürbaren Erfolgserlebnissen macht es leichter auf Kurs zu bleiben, wenn alte Gewohnheiten sich einschleichen oder andere Hindernisse sich in den Weg stellen.

Pro-aktiv die Zukunft zu gestalten, heißt auch voraus zu schauen, mögliche Alternativen zu bedenken und eventuelle Szenarien durchzuspielen, bevor sie eintreten. So wird man zumindest von vorhersehbaren Veränderungen nicht vollends überrascht und kann souverän und besonnen reagieren.

Sicher ist es von Vorteil, flexibel und offen zu sein für das, was noch geschehen wird. Doch die Zukunft einfach auf sich zukommen zu lassen, lässt einen leicht zum Spielball anderer Interessen werden und macht die eigenen Aktivitäten beliebig. Gerade wenn wir die aktuelle Situation als unbefriedigend oder belastend empfinden, ist es an der Zeit gezielt und systematisch bessere Alternativen in die Wege zu leiten.

Wer sich nicht darüber im Klaren ist, wohin er eigentlich will und nicht bedenkt, welche Konsequenzen mit manchen Entscheidungen verbunden sind, läuft Gefahr irgendwo zu landen, wo er gar nicht hin wollte. Doch eine Kurskorrektur ist auch dann noch möglich, wenn man bereit ist sich von Fehlentscheidungen der Vergangenheit nicht die Zukunft verbauen zu lassen.

Manche Menschen haben so viele Eisen im Feuer, dass sie ohne Plan und Ziel unterwegs sind. Ihre Zeit ist ausgefüllt, aber sie kommen nie an einen Punkt, der sie zufrieden macht. Hetze und ständiger Wechsel der Aktivitäten machen sie rastlos und konfus. Sie brauchen eine klare Ausrichtung auf das, was ihnen wichtig, ist, um auf Möglichkeiten verzichten zu können, die im Augenblick attraktiv erscheinen, ihnen aber auf längere Sicht nichts bringen.

Andere versuchen weitreichenden Entscheidungen über ihre Zukunft erst einmal auszuweichen oder sie aufzuschieben. Manchmal reicht es dann aus, sich genügend Informationen über die möglichen Alternativen zu verschaffen. Möglicherweise müssen sie sich aber auch erst einmal klar werden über ihre Herzenswünsche und Neigungen, bevor sie reif sind für eine realistische Zukunftsplanung.

Episode: Wer A sagt, ...?

Andreas schiebt seiner Frau Maike lächelnd Tickets für einen überraschenden Kurztrip nach Wien über den Tisch - ein Dankeschön dafür, dass sie ihn „gerettet" hat. Vor einem halben Jahr hätte er solch eine Wochenendreise unmöglich genießen können.

Als Ehe- und Familienberater hat Andreas sich stets fachlich kompetent und am richtigen Platz gefühlt. Die positive Resonanz der Klienten und das Ansehen bei Kollegen und Vorgesetzten gaben ihm zusätzliche Bestätigung für sein Tun. Er entwickelt ein eigenes effizientes Beratungskonzept, das den Ausschlag für seine Beförderung zum Leiter der Beratungsstellen gibt. Aber was wie sein größter Erfolg aussieht, entpuppt sich als seine stärkste berufliche Belastungsprobe.

Von nun an verbringt er die meiste Zeit in Gremien und Konferenzen. Statt seine Mitarbeiter methodisch zu beraten, hat er vor allem politische Beschlüsse durchzusetzen. Seine Leute mauern. Je mehr Andreas unter Druck gerät, desto mehr verliert er an Stärke und Selbstvertrauen. Seine Aufträge werden immer kleinschrittiger, die Ausführung pedantisch kontrolliert. Das kostet Kraft, und der Widerstand der ehemaligen Kollegen wächst. Andreas hat das Gefühl zwischen alle Stühle geraten zu sein. Sein Körper wehrt sich, schließlich muss er sich wegen starker Herzrhythmusstörungen ärztlich behandeln lassen.

Es ist Maike, die ihm hilft, die Reißleine zu ziehen. Sie ermutigt ihn, auf Geld und Prestige zu verzichten und wieder zu seiner alten Tätigkeit zurückzukehren. Andreas fühlt sich unendlich erleichtert, als er das schließlich geschafft hat. Noch jahrelang so weiter machen zu müssen, hätte ihn gesundheitlich ruiniert und ihm seinen geliebten Beruf verleidet.

Kommentar:

Andreas ist mit Leib und Seele Familienberater. Von seiner neuen Stelle verspricht er sich, dass er seine Erfahrungen und seinen Ansatz für wirksame Beratung einbringen und an viele Kollegen weitergeben kann. Dabei hat er nicht bedacht, was sonst noch alles mit der neuen Funktion verbunden ist:

- Seine neuen Aufgaben lassen ihm kaum Spielraum für eigene Beratungstermine.
- Er muss die politisch gewollten Entscheidungen an Mitarbeiter und Klienten „verkaufen", ob er sie gutheißt oder nicht.
- Die früheren Kollegen begegnen ihm distanziert bis abweisend, da er in ihren Augen auf die „andere Seite" gewechselt ist.

In diesen Anforderungen liegen aber nicht Andreas Talente. Als er das erkennt und gleichzeitig erlebt, welchen Preis er bezahlt, steht für ihn die Entscheidung an zurück zu rudern. Voraussetzung dafür ist, das Scheitern einzugestehen.

Scheitern ist für viele Menschen mit Scham und Versagen verbunden. Deshalb versuchen sie genau das um jeden Preis zu vermeiden. Damit verbauen sie sich aber selbst ihre Zukunft, weil sie wider besseres Wissen und wider ihre Erfahrung an einer Fehlentscheidung der Vergangenheit festhalten. Sie opfern ihre Zukunft einem falsch verstandenen Durchhalte-Ideal.

Andreas hat in Maike eine starke Unterstützerin, die einerseits erkennt, was ihn gesund und zufrieden macht und ihm andererseits den Rücken stärkt und die Schmach aushalten hilft. Sie ist vorübergehend! Andreas stellt sogar erstaunt fest, dass die Häme gar nicht so massiv ist wie erwartet, sondern dass etliche Kollegen ihm sogar für seinen Entschluss auf die Schulter klopfen.

Reflexionsfragen:

Welche Ziele, die Sie sich einmal gesetzt haben, und welche Vorhaben, die Sie begonnen haben, belasten, langweilen oder frustrieren Sie mittlerweile?

Schleppen Sie beschwerliche „Altlasten" in Form von (vermeintlichen) Verpflichtungen oder voreilig gegebenen Versprechen mit sich herum, zu denen Sie nicht mehr ehrlichen Herzens stehen können?

In welchen ungewollten Gegebenheiten stecken Sie fest, nur weil Sie sich irgendwann einmal dafür (oder auch nur nicht deutlich dagegen) entschieden haben?

Gibt es Situationen, bei denen Ihnen der Gedanke peinlich ist, das Erreichte wieder aufzugeben oder offen zuzugeben, dass Sie sich zu viel oder das Falsche vorgenommen haben?

Übungsvorschläge:

Viele Menschen haben verinnerlicht, dass B folgen muss, wenn sie einmal A gesagt haben. Doch so förderlich Konsequenz sein kann, wenn Sie Ziele erreichen wollen, lassen Sie sich niemals die Chance nehmen, die Erfahrung aus vergangenen Entscheidungen auszuwerten und gegebenenfalls für die Zukunft eine Richtungskorrektur vorzunehmen.

Lassen Sie sich nicht verleiten, mit etwas weiterzumachen, das Ihnen nicht guttut oder sogar schadet, nur weil Sie schon etwas in dieser Richtung investiert haben. Nicht nur in finanzieller Hinsicht ist es meistens günstiger, einmal Lehrgeld zu bezahlen statt ständig zu bluten für etwas, das man nicht wirklich will.

Betrachten Sie sogenannte „Fehlentscheidungen" als Quelle für Erfahrungen und Erkenntnisse, aufgrund derer Sie fundierter beurteilen können, wie Sie weitergehen wollen.

Gestehen Sie sich (und anderen) die Freiheit zu, nach reiflicher Überlegung und aus gutem Grund Ihre Meinung zu ändern und Zusagen im Ernstfall zurückzunehmen.

Episode: Meine Zukunft im Visier

*Mit Lars in Elternzeit fühlt sich **Thea** häufig gestresst und unzu-*
frieden ohne genau sagen zu können, woran es liegt. Ein bisschen be-
fürchtet sie in der Firma den Anschluss zu verlieren, wenn sie zu
lange wegbleibt. Um nicht ganz untätig zu sein, belegt sie in der Zwi-
schenzeit einen Excel-Kurs bei der Volkshochschule, um wenigstens
in diesem Programm auf den neuesten Stand zu kommen. Doch ins-
gesamt gibt es in diesem Kurs für sie nicht so viel Neues zu lernen.
Da die meisten Teilnehmer das Programm noch so gut wie gar nicht
kennen, werden einfache Aufgaben bearbeitet, die Thea nicht weiter-
bringen.

Ihre Arbeit hat Thea immer aufgebaut und ihr eher schwach aus-
geprägtes Selbstwertgefühl so gestärkt, dass der Geschäftsführer ihr
schließlich sogar eine Projektleitung zutraut. Dennoch ist es ihr am
Ende dort nicht gut ergangen, und sie war im Grunde genommen
ganz froh, dass sie sich aufgrund der Schwangerschaft der ganzen Si-
tuation elegant entziehen konnte. Ihr neuer Kollege begann ihr näm-
lich den Rang abzulaufen, und Thea geriet zunehmend in die Defen-
sive. Er war charmant zur Chefsekretärin, führte Small Talk über
Sport und Autos mit dem Geschäftsführer. Diese Kontakte ließen ihn
immer gut informiert sein und schnell Ansehen in der Firma gewin-
nen.

Thea fühlte und verhielt sich immer mehr wie seine Assistentin
statt wie eine gleich berechtigte Kollegin. Die Vorstellung, nun in die
gleiche Misere zurückzugehen, während er sich in der Zwischenzeit
wahrscheinlich noch mehr Terrain erobert hat, macht ihr Bauch-
schmerzen.

Der Kursleiterin fällt auf, dass Thea unterfordert ist. Sie ermutigt
sie, lieber beizeiten Kontakt zu ihrer Firma aufzunehmen und ihren
Wiedereinstieg gezielt vorzubereiten.

Kommentar:

Thea gestaltet ihre berufliche Zukunft nicht pro-aktiv. Es fällt ihr schwer, sich wohl überlegte klare Ziele zu setzen, die erreichbar sind und ihr daher kleine Erfolgserlebnisse bescheren könnten. Stattdessen malt sie sich negative Wendungen aus oder flüchtet sich in wenig zielführende Einzelaktionen.

- Obwohl sie gerne bei der Arbeit war, ist Thea froh, sich dem anstehenden Konflikt durch die Schwangerschaft entziehen zu können.
- Sie lässt sich durch die offensive Art des Kollegen an den Rand drängen, ohne etwas entgegen zu setzen.
- Sie bildet sich ziellos fort, nur um etwas zu tun.

Wenn Thea sich weiter treiben lässt, wird sie wahrscheinlich weder eine entspannte Mutter sein noch ihre berufliche Zukunft positiv beeinflussen können. Die Auszeit der Erziehungszeit gibt ihr auch eine Chance, die Karten für ihre Rückkehr neu zu mischen.

Statt im stillen Kämmerlein zu sinnieren, wie es inzwischen wohl in der Firma aussieht und ob sie da wieder einen Fuß in die Tür bekommt, könnte sie Kontakt zur Personalabteilung und zu alten Kollegen aufnehmen, um sich ein realistisches Bild davon zu machen, wie es aussieht und wie sie ihre Position verbessern kann statt einfach irgendwann in eine eventuell schlechtere Situation wieder einzusteigen als sie verlassen hat.

Sich Alternativen zu schaffen, gibt ihr eine wesentlich bessere Ausgangsbasis. Allein das Bewusstsein wählen zu können, gibt ihr wieder mehr Steuerungsmöglichkeiten. Thea hat jederzeit die Chance sich selbst zu verändern für eine glücklichere Zukunft. Was immer sie sich auch hat gefallen lassen, sie kann den Kurs jetzt ändern und ihre Zukunft beeinflussen.

Reflexionsfragen:

Wo verzichten Sie darauf, Einfluss auf Ihre eigene Zukunft zu nehmen, weil

- Ihnen der Mut fehlt?
- Sie keine Ideen haben?
- Sie die Gegenwart als belastend genug empfinden?

Lassen Sie sich von aktuellen Durststrecken leicht entmutigen und lähmen? Alles verändert sich, auch das.

Machen Sie sich bewusst, wo eine schwierige Situation im Jetzt Sie daran hindert, eine bessere Zukunft in die Wege zu leiten.

Machen Sie sich ein Bild, wie die Zukunft für Sie aussehen soll. Ohne eine Vorstellung treiben Sie so dahin. Was müssten Sie können oder zur Verfügung haben, um es zu verwirklichen?

Übungsvorschläge:

Wenn Sie merken, dass Sie anstehende Entscheidungen aufschieben und ihnen aus dem Weg gehen, machen Sie sich bewusst, wovor Sie sich eigentlich drücken.

Das sind gute Hinweise darauf, welche Fähigkeiten Ihnen fehlen oder zu schwach ausgeprägt sind, um wirklich Alternativen zu haben.

Für eine gute Zukunft müssen Sie nicht schon jetzt alles haben oder können:
Machen Sie sich ein Bild davon, auf welche Eigenschaften es ankommen wird. Lernen oder entwickeln Sie die in aller Ruhe, damit Sie Ihnen dann zur Verfügung stehen.

Schaffen Sie sich eine optimale Ausgangsbasis, indem Sie auch Plan B oder vielleicht sogar C parat haben. Eine gute Zukunft gestalten heißt immer auch sich persönlich weiter zu entwickeln, sonst bekommen Sie substantiell nichts anderes als das, was Sie schon haben.

Episode: Meine Wünsche – deine Wünsche

Hubert und Marlene leben als unverheiratetes Paar mit ihren beiden Kindern Alex, 18 Jahre alt, und Daniela, 16 Jahre alt. Für die Erziehung der Kinder ist in erster Linie Marlene zuständig, zu ihr haben auch beide die engste Beziehung. Hubert drängt Alex ungeduldig, sich endlich um ein Studium oder eine Ausbildung zu kümmern, doch der macht keine Anstalten sich festzulegen. „Das hat doch Zeit! Ich weiß einfach noch gar nicht, was ich machen will. Irgendwas mit Menschen wahrscheinlich." Mehr ist nicht aus ihm herauszubringen.

Marlene hat viel Verständnis für Alex. Sie hat selbst auch erst nach einigen Irrwegen ihren Beruf gefunden. Heute fühlt sie sich als Lehrerin an einem Gymnasium am richtigen Platz und hat ein gutes Auskommen. Auch Hubert hat Umwege gemacht. Nach Berufsausbildung, Fachhochschule und verschiedenen Jobs hat er es vor kurzem gewagt sich selbstständig zu machen. Noch läuft das Geschäft schleppend. Um so mehr macht er aus Sorge um seine Zukunft seinem Sohn die Hölle heiß: „Lerne gleich etwas Vernünftiges und sieh zu, dass du bald Geld verdienst. Mach nicht die gleichen Fehler wie ich!"

Genervt zieht Alex sich immer mehr zurück. Als seine Leistungen in der Schule abfallen, wird auch seine Mutter ungehalten und redet auf ihn ein: „Mach doch ein Studium im Ausland. Da kannst du deine eigenen Erfahrungen machen und lernst neue Menschen kennen. Eine Weile ins Ausland gehen war immer mein Traum."

Alex ist nun ganz durcheinander und flüchtet sich in seinen Sport. Schließlich äußert er die Idee sein sportliches Talent und sein Interesse an Menschen zu verbinden und daraus einen Beruf zu machen – zum Entsetzen beider Eltern.

139

Kommentar:

Alex ist deprimiert und verzweifelt. Die wiederholten und teilweise widersprüchlichen Ansagen seiner Eltern setzen ihn enorm unter Druck.

- Marlene will ihm Zeit lassen, versucht aber gleichzeitig ihm ihren Jugendtraum schmackhaft zu machen im Ausland zu studieren.
- Hubert drängt ihn zu einer schnellen finanziellen Absicherung und will ihn vor Fehlern und Schaden bewahren.
- Alex selbst ist noch auf der Suche Orientierung und Klarheit. Überdies ahnt er, dass er es so oder so keinem recht machen kann.

Es stellt sich die Frage, um wessen Zukunft es hier eigentlich geht. Marlene und Hubert übertragen ihre eigenen Wünsche und Befürchtungen, ihre nicht erreichten Ziele und unerfüllten Träume auf Alex. Dabei berücksichtigen sie nicht, dass der ganz andere Neigungen und Vorstellungen hat.

Äußere Umstände wie der Termin des Abiturs steuern in diesem Fall den Prozess der Zukunftsgestaltung. Alex wird nur zögernd aktiv und entwickelt erst nach und nach aus seinen Interessen und Fähigkeiten eine Vision seiner beruflichen Zukunft. In dieser schwierigen Phase können seine Eltern ihm zur Seite stehen und ihm bei der Orientierung helfen. Dafür sollten sie ihn darin unterstützen, seine Herzenswünsche und Neigungen herauszufinden und daraus eine realistische Zukunftsplanung abzuleiten.

Was ihre eigenen Wünsche und Befürchtungen angeht – die spielen für ihre eigene Zukunftsgestaltung eine viel wichtigere Rolle als für die von Alex. Zwar steht ihr Sohn gerade an einem wichtigen Entscheidungspunkt in seiner Biografie. Doch Marlene und Hubert haben auch selbst eine Zukunft, für deren Gestaltung sie zuständig sind.

Reflexionsfragen:

Bei welchen Menschen und in welchen Situationen laufen Sie Gefahr, anderen Ihre Vorstellungen überstülpen zu wollen?

- Kinder?
- Eltern?
- Geschwister?
- Ehe- oder Lebenspartner?
- Freunde, Kollegen
- Schüler, Klienten, Patienten, ...
- ?

Was treibt Sie dazu?

- Sorgen, Ängste und Befürchtungen
- Sehnsüchte und Wünsche, die noch nicht erfüllt sind
- Eigene Erfahrungen, von denen andere profitieren sollen
- Ihre eigenen Interessen und Ziele damit zu verfolgen
- Zu wenig Vertrauen in die Selbstwirksamkeit des anderen?
- ?

Was können Sie tun, um selbst Ihre eigenen Vorstellungen zu erfüllen? Damit wird es viel leichter, den anderen die ihren zu lassen.

Übungsvorschläge:

Seine Zukunft beeinflusst und gestaltet jeder durch seine inneren Bilder davon und seine Vorstellungskraft. Das Unbewusste sorgt dafür, dass wir uns diesen Vorstellungen annähern. Damit ist häufig ein längerer - oberflächlich betrachtet ineffektiver – Suchprozess verbunden mit Phasen der Unsicherheit und Desorientierung.

Stellen Sie sich darauf ein, dass die Vorstellungen von der Zukunft auch bei nahestehenden Menschen von Ihren Erwartungen abweichen können.

Vertrauen Sie darauf, dass jeder Mensch selbst am besten weiß, welche Richtung und Entscheidung für ihn stimmig ist. Unterstützen Sie andere darin, dieses häufig unbewusste Wissen ans Licht zu bringen, damit sie ihre Zukunftsgestaltung danach ausrichten können.

Verabschieden Sie sich von Phantasien und Zielen, die unrealistisch (geworden) sind. Ihnen ewig anzuhängen kostet sie unnötig Energie, die Sie besser nutzen um ...

... erfüllbaren Ideen und Träumen nachzugehen, auch wenn sie auf den ersten Blick unvernünftig oder sogar verrückt erscheinen.

Episode: Ich will alles, und zwar sofort!

Konrad ist wie so oft in Eile. Er will sich noch schnell um einen wichtigen Kontakt für die nächsten Aufträge kümmern. Danach eine Besprechung mit seinen engsten Mitarbeitern – heute muss es mal mit einer kurzen Abstimmung getan sein. In der Teeküche trifft er seine Kollegin Gina aus der Personalabteilung, auf die er ein Auge geworfen hat. Konrad hätte großes Interesse sie näher kennen zu lernen, doch aktuell macht das keinen Sinn. Er ist so eingespannt, dass er für eine nähere Beziehung einfach keine Zeit hat.

Im letzten halben Jahr ist die Zahl der Bestellungen stetig nach oben geklettert und die Rückmeldungen zeigen, dass die Kunden durch die Bank hoch zufrieden sind. Leider gehen diese positiven Ergebnisse im Arbeitsalltag unter. Konrad hat so viel um die Ohren, dass er schlichtweg vergisst, seine Erfolge zu feiern.

Er hat sich vorgenommen im nächsten Monat sein Handicap im Golf zu verbessern. Zwar hat er gerade erst die Platzreife, doch er möchte bei Turnieren mithalten können. Dabei ist er schon froh, wenn er es wenigstens einmal in der Woche schafft, eine Trainingsrunde zu spielen.

Am Abend besucht er eine alte Freundin. Schon lange hat er es versprochen. Doch als er mit Vorfreude und Blumen vor der Tür steht, öffnet Ines nicht. Irritiert schaut Konrad in seinen Kalender: er hat den falschen Tag erwischt. „Na, dann kann ich ja noch schnell ins Sportstudio", denkt er sich. Das Studio ist ziemlich leer, er hätte Platz und Zeit zu trainieren. Doch nach einer halben Stunde fährt er wieder. Im Herbst wird er ein Programm mit einem Personal Trainer beginnen. „Das macht mehr Sinn", sagt er sich. „Vielleicht sollte ich auch Meditation lernen – das soll ja sehr wirksam gegen Stress sein."

Kommentar:

Konrad hetzt durch sein Leben von einer Aktivität zur anderen. Er verliert sich im Strudel der Alltagserfordernisse und trifft keine zielgerechten und durchdachten Entscheidungen über seine Zeit und deren Inhalte.

- Weil er immer mehrere Eisen gleichzeitig im Feuer hat, verschiebt er, was er sich „eigentlich" vorgenommen hat oder bringt Dinge nicht zu Ende.
- Seine Absichten und Ziele sind so vage und ungenau formuliert, dass es kein Kriterium dafür gibt, ob sie erreicht sind oder nicht.
- Erfolgserlebnisse nimmt er nur am Rande wahr, so dass sie nicht als Ressource für zukünftige Vorhaben im Erfahrungsgedächtnis abgespeichert werden.

Dieses Verhaltensmuster hat seinen Preis. Konrad versagt sich die Ernte seiner Anstrengungen zu genießen. So dient sie ihm weder als Belohnung für das Geleistete noch als Ansporn und Motivation für Neues, sondern verpufft ungenutzt.

Der ständige Wechsel von einem Vorhaben zum nächsten erhöht seinen Stresspegel und lässt ihn zum Spielball äußerer Reize und Anziehungskräfte werden. Seine unmittelbare wie auch seine langfristige Zukunft sind fremdbestimmt.

Für Konrad könnte ein persönlicher Entwicklungsplan, der auf eigenen Schwerpunkten und Interessen fußt, eine stützende Maßnahme sein, um seine Zukunft selbstbestimmter zu gestalten. Erst wenn er genau weiß, wo er hinwill, kann er unterscheiden zwischen Dingen, die im Augenblick attraktiv erscheinen, aber auf Dauer eher belastend sind, und solchen, die ihn auch auf lange Sicht zufrieden stellen und seinen Zielen näherbringen.

Reflexionsfragen:

Wie gehen Sie mit Ihren Erfolgen um?
- Wissen Sie auch Etappensiege zu schätzen?
- Halten Sie inne und belohnen Sie sich, wenn Sie etwas geschafft haben?
- Feiern Sie größere Abschlüsse und genießen das Ergebnis?

Vergessen Sie über den Dringlichkeiten der Gegenwart die Weichen für Ihre Zukunft zu stellen?
- Verzetteln Sie sich in zu vielen Aktivitäten?
- Denken Sie häufiger daran, etwas ab morgen, ab nächste Woche, ab nächsten Monat zu verändern?
- Wenn es wichtig ist, warum fangen Sie nicht gleich damit an?
  Wenn es unwichtig ist, warum lassen Sie es nicht ganz sein?

Überlegen Sie hin und wieder, was Ihnen in Zukunft wichtig ist?

Prüfen Sie von sich aus, ob die Richtung (noch) stimmt?

Wenn nicht: Was könnten Sie heute noch tun, um das zu korrigieren?

Übungsvorschläge:

Wenn es um Ziele - und damit um die Zukunft - geht, werden in vielen Zusammenhängen Verträge geschlossen, um sicher zu stellen, dass diese Ziele auch erreicht werden. Solche Verträge können Sie auch mit sich selber schließen. Sie erhöhen die Verbindlichkeit und die verstärken die Ausrichtung auf das, wofür Sie sich entschieden haben.

Dazu gehört:
- Ziele aufschreiben
- Schritte zur Umsetzung festlegen
- Erfolgskontrolle einbauen
- Belohnung für Zwischenschritte und Endergebnis sicherstellen
- Termine setzen und gleich anfangen

Voraussetzung für eine gelingende Zukunftsplanung ist eine angemessene Kombination aus exakter verbindlicher Planung und spontaner Flexibilität.

Verlassen Sie sich nicht nur auf das, was Ihnen leichter fällt, sondern pflegen und üben Sie auch das Gegenstück:
- Wenn Sie ein starker Planer sind, dann lassen Sie sich öfter mal darauf ein, aus dem Augenblick heraus zu handeln.
- Wenn Sie wie Konrad ein intuitiver Handlungstyp sind, dann üben Sie, sich für eine festgelegte Zeit oder ein bestimmtes Vorhaben an einen einmal gefassten Plan zu halten.

Alles, was Sie so an Ausgewogenheit gewinnen, kommt Ihnen in Zukunft zugute.

Man gibt immer den Verhältnissen die Schuld für das, was man ist. Ich glaube nicht an die Verhältnisse. Diejenigen, die in der Welt vorankommen, gehen und suchen sich die Verhältnisse, die sie wollen, und wenn sie sie nicht finden können, schaffen sie sie selbst.
(George Bernard Shaw)

Jede Herausforderung im Leben bedarf einer entsprechenden Konstellation der Resilienzfaktoren. Wer einen gravierenden Verlust erleidet, gerät in der Regel zunächst in einen Schockzustand. Dann kann Optimismus der wichtigste Schlüssel sein, um nach einiger Zeit wieder die Zuversicht zu gewinnen, dass man lernen kann, diesen Verlust zu kompensieren oder mit ihm zu leben, auch wenn man noch nicht genau weiß, wie. Erst die Kombination mit der Realisierung und Akzeptanz der Gegebenheiten, wie sie nun einmal sind, schafft die Voraussetzung dafür, dass man sich auf eine schöpferische Lösungsorientierung einlassen und kreative Ideen entwickeln kann.

Wer sich als ohnmächtiges Opfer der Umstände fühlt oder ganz aufgelöst und kopflos ist, weil er sich ungerecht behandelt fühlt, braucht erst einmal die Regulierung seiner Stimmungslage, bevor er (wieder) erste Schritte zu selbstverantwortlichem Handeln gehen und sich auf zukünftige Situationen vorbereiten kann. Manche Menschen beruhigen sich am schnellsten, wenn sie alleine und in Ruhe gelassen werden, andere kommen leichter wieder in Balance, wenn sie sich aussprechen können und von anderen getröstet oder ermutigt werden.

Unterschiedliche Lebenssituationen erfordern also unterschiedliche Reaktionen. Resilienz lässt sich daher auch als die Fähigkeit definieren, die jeweils passende <u>Kombination von Resilienzaspekten</u>, die in einem bestimmten Zusammenhang gebraucht werden, zu aktivieren und zu nutzen.

Jeder einzelne Resilienzfaktor ist wie ein Schlüssel, der in ein bestimmtes Schloss passt. Erst

der komplette Resilienz-Schlüsselbund ermöglicht es, Krisen, Veränderungen und Herausforderungen so zu bewältigen, dass man dabei auf Dauer auch noch an innerer Stärke gewinnt. Um die passenden Schlüssel zu finden, helfen Fragen wie

- Auf welche Merkmale kommt es <u>hier</u> und <u>jetzt</u> besonders an?
- Was brauche <u>ich</u> jetzt zuerst?
- Welche Ressourcen stehen mir <u>gerade zur Verfügung</u>?

Entscheidend ist dafür die der jeweiligen Situation angemessene Zusammensetzung und Verbindung der einzelnen Schlüssel. Sind sie ausbalanciert und klug genutzt, öffnen sie Türen in den Wechselfällen des Lebens.

Wer immer wieder unterschiedliche Kombinationen handhaben kann, erweitert und stärkt sein individuelles Resilienzprofil. Mit einem einseitigen Profil neigt man dazu, sich übermäßig auf seine bevorzugten und am meisten genutzten Merkmale zu verlassen und die anderen zu vernachlässigen. Auf Dauer wird so der eigene Spielraum für mögliche Reaktionen immer mehr eingeschränkt. Deshalb ist es wichtig, flexibel zu bleiben, sich immer weiter zu entwickeln und seine Strategien immer wieder an die aktuellen Erfordernisse anzupassen.

Vielleicht haben Sie in einigen Episoden sich selbst, Ihre typischen Reaktionsweisen oder Denkmuster wiedererkannt. Sicher haben manche Fallbeispiele Sie an Menschen in Ihrem Umfeld erinnert, an Familienmitglieder, Freunde, Kollegen oder Bekannte. Möglicherweise haben einige der Fragen oder Denkanstöße Sie nachdenklich gemacht, zu (Selbst-) Erkenntnissen geführt oder zu der Einsicht, an welcher Stelle und wie Sie etwas ändern können.

Der Entschluss, etwas in seinem Leben in andere Bahnen zu lenken, braucht in der Regel eine gewisse Reifezeit. Schließlich hatten und haben wir gute Gründe dafür, so zu denken und zu handeln. Wenn es die nicht gäbe, würden wir es „einfach" anders machen. Doch Sie selbst entscheiden, ob diese Gründe (immer noch) gelten und gravierend genug sind oder ob inzwischen andere Gegebenheiten, sei es die Gesamtsituation, sei es Ihre eigene Einschätzung und Haltung eine Veränderung wünschenswert oder sogar notwendig machen.

Dafür brauchen Sie nicht alles Bisherige über Bord zu werfen. Wie Sie an den Beispielen sehen konnten, genügt häufig schon eine Veränderung in einem für die gegebene Situation relevanten Resilienzaspekt, um eine deutliche Verbesserung oder Erleichterung zu erreichen. Auch eine kleine Kurskorrektur kann sich wie ein Schneeball, der ins Rollen kommt, auf die übrigen Aspekte auswirken und weitere Auswirkungen anstoßen.

Niemand „besitzt" Resilienz für alle Zeit. Mit jeder neuen Lebenslage sind wir wieder gefordert, die dafür nötigen Kräfte und Fähigkeiten zu aktivieren. Dieser wiederholte Anpassungsprozess bietet gleichzeitig immer wieder Chancen für persönliches Wachstum, für Entwicklung und Entfaltung.

Lebenslang dazuzulernen heißt immer wieder offen sein für neue Erfahrungen und bereit sein, alte Muster zu überwinden.

Resilienz entwickelt sich auf lange Sicht oft gar nicht in dramatischen Kehrtwendungen, sondern in den kleinen, aber nachhaltigen Kurskorrekturen im Alltag. Um die entsprechenden Stellen zu erkennen, brauchen wir in aller Regel Impulse von außen, jemand oder etwas, das uns mit der Nase auf das stößt, was wir tief im Innern längst wissen. Vielleicht haben Sie hier und da bei der Lektüre des Buches einen solchen inneren Schubs gespürt.

Wir freuen uns, wenn wir an der einen oder anderen Stelle dazu beitragen, dass Sie selbst Ihr Leben leichter und wertvoller gestalten. Dazu wünschen wir Ihnen Vertrauen und guten Mut.

INFORMATIONEN

zu Angeboten des Resilienz-Zentrums
(Weiterbildungen, Seminare, Training, Coaching):

WEB: www.resilienzzentrum.de
EMAIL: info@resilienzzentrum.de
WEB: www.resilienz-online.de
EMAIL: info@resilienz-online.de

zu den Autoren:

WEB: www.monikagruhl.de
EMAIL: kontakt@monikagruhl.de

WEB: www.hugokoerbaecher.de
EMAIL: info@hugokoerbaecher.de